子ども・こころ・育ち

～機微を生きる～

はじめに

赤子が朝起きる。どこやらから声がする。そう遠くないのに、自分に話しかけているのでもなく、自分の反応を待っているのでもない。その声はとぎれることなくずっと続いている。低い声も高い声もあり、モノトーンで言う時も音楽にのって浮かれ調子の時もあるが、その変化は突然で予想がつかない。声のする方を見ると、チカチカとした光の点滅が見える。「何だろう？」と赤子は思う。光の点滅は常に変化しながら、とぎれることも終わることもなく続き、何かが動き続けている。赤子はそこから目を離せなくなる。自分が目や手を動かさなくても、常に新しい情報（光の点滅と音）はやってきて、自分の感覚器官を満たしてくれる……。そんな毎日の中で赤子は育っていく……。

朝、目覚めた子どもは居間に行く。居間ではテレビがついていて、ニュースが流れている。昨日、遠い国では自爆テロがあって何人もの人が犠牲になったらしい。血を流した人が運ばれてゆく映像が流れる。「早く、顔を洗いなさい！」。その非現実的な映像の中に母親の声が響くと、子どもはハッと我に返って洗面所に向かう。「さっきの映像は○○レンジャーのシーンだったのか、本当のことだったのか……」。子どもは頭の中でぼんやりと考える。テーブルにつくと朝ご飯が用意されている。横のテレビは昨日の交通事故のニュースに変わっている。大破した車をぼんやりと見ていると「早く食べなさい！ほら、これおいしいでしょ」と母親がおかずを分け与える。人が死んだニュースの前で子どもは卵焼きを美味しそうにほおばった……。

少年は角材を握った。目の前の男の顔は血の気を失い、おびえたように少年を見つめている。男の額からは血が流れ、男は痛そうに横腹を押さえて「うう～っ」と呻いた。普通であれば怯むはずの少年のこころに別の声が響く。「早くとどめを刺せ！とどめを刺さなければ終わらないぞ……」。少年は角材を振り下ろした。「これで1《ワン》ステージ、クリアー」。動かなくなった男から立ち去りながら、少年は無表情につぶやく。

目の前の世界から色が失われ、感情が失われたのはいつからだろう？幼い頃、熱くなって見ていた○○レンジャーが嘘だと分かり、○○マンは本当にはいないと知った時、自分の生活をあまりに大きく占めているメディア情報の、何が本当なのか分からなくなってしまった。アメリカの空爆は本物で、○○戦隊のミサイルは偽物だとどこで感じたらいいのだろう？どちらも味もにおいも無いし触ることもできない。自分のしていることにすら実感が無くなった時、少年は考えた。人が壊れるのを見たら何かが変わるかもしれない……。

これは夢の中のシーンやドラマの台本ではありません。今、子どもたちのこころの中に起こっていることなのです。

二〇〇四年六月、私がこの本の初稿と格闘している最中にこのシーンよりはるかに強烈で痛ましい事件となってそれは現実化してしまいました。小六の女児が同級生を校内で刺殺するという事件に続いて、中二の少女が五歳の子を五階から突き落とした事件は、その一年前に十二歳の少年が五歳の男の子を駐車場から落として死亡させた事件と共に、子どもたちの現実がバーチャルなゲームの世界との境界を失ってしまったことを示しているかのようです。私はコメントを求められるたびに「彼らもまた被害者です」と訴えてきました。彼らも生まれてすぐからおっぱいを休み休み飲み、飲み休んだ時には授乳者を見上げていたに違いないのです。正高信男氏（『〇歳児がことばを獲得する時』）によると、それは人類にしかない特徴で、授乳者からの働きかけを引き出すためのものであるといいます。そして人類は生命の安全性や栄養補給という生物として重要なこと以上に、授乳者に関わってもらうことを優先している地球上で唯一の生物だというのです。

何が欠けてしまったんだろう？　何がゆがんでしまったんだろう？　誰もが苦しみながら自問自答する子どもたちの事件。本書が、子どもたちのこころと共に歩もうとする人たちに何らかの示唆を提示できればと願います。

二〇〇四年　初夏

山田真理子

山田先生の御著書に寄せて

田澤　雄作
（日本小児科医会「子どもとメディア」対策委員会副委員長）
（みやぎ県南中核病院診療部長兼小児科科長）

人間の脳は「こころ」そして魂の座です。三つ子の魂という言葉を思い浮かべながら、山田真理子さんの『子ども・こころ・育ち　～機微を生きる～』を読み終えました。私たちは、病む幼い子どもの姿に「大人子ども」の始まりを見ているのかもしれません。問題なのは、幼い、目に見えない「こころ」の成長が不充分なままに、目に見える身体だけが成長しているのではないかということです。

親子の絆は、人間として生きるための重要な土台です。そのためには、大人と直接顔を合わせ、話す、触れ合う、たくさんの時間が必要です。子どもたちは、この空間の中で、言葉や「こころ」を学び、親子のそして人間の絆を形成してゆきます。メディアには絶対できない人間のわざ（技能）です。テレビ・ビデオなどのメディアは、この土台をつくる大切な現実世界の空間と時間を奪い、幼い「こころ」は、非現実の虚構の世界を浮遊することになります。

メディアやＩＴ文化は、確かに便利なものを人間社会に運んできました。しかし、何処かで雨が降り過ぎると何処かが砂漠になるように、子どもたちのこころをより乾いた寂しい世界にしたのではないでしょうか。そして時が流れ、病む少年が現れます。彼等は幼い脳のまま、現実体験が稀薄なまま、非現実世界との境界線を閉じることができずにいるのではないでしょうか。そんな少年たちは、どんな思春期を迎え、どんな体験を経てゆかなくてはならないのでしょう。

山田真理子さんの『子ども・こころ・育ち　～機微を生きる～』は、人間としての「こころ」の土台を形成する最も重要な時間である乳幼児期の問題に対して、優しいまなざしと柔軟な考え方とわかりやすい言葉で描きあげられた、新世紀のＩＴ時代に必読すべき、新しいタイプの育児書です。

二〇〇四年月七月一三日

目次

第三章　事例を通してキーワードを考える　107

第一章　失われた大切な「それまであったもの」

日本が物質的に豊かになり、生活空間に物が溢れるようになると共に、時間や関わりという子どもの育ちになくてはならないものが失われていったように思います。

そしてそれらが失われたことによって、子どもの育ちに何かが欠けてきて、その結果、子どもたちに様々な重荷を負わせることになっているように感じられます。まず、それら子育て環境の変化とその影響から考えてみることにします。

1. おんぶと子守唄

子育てに関わることがらで、ここ十数年で急激に変化してしまったことがいくつもあります。一九八〇年代がその転換点ですが、その一つが「おんぶ」です。

一九八〇年代はじめころ、おんぶ帯からだっこ帯になり、その頃はだっこ帯を使っているお母さんがたくさんいました。しかし、その後おんぶはもちろんのこと、だっこ帯で赤ちゃんを抱いている姿もほとんど見なくなりました。九〇年代後半になると、素手でだっこしているか、ウエストポーチに赤ちゃんを乗せて片手でだっこしているお母さんを見るようになりました。これは八〇年代の二台目カーの普及、つまり母親が車で動くようになったことと大きく関係しているようです。

おんぶがなくなったということは、赤ちゃんがお母さんの背中で感じたこと、あるいは体験したことがなくなったということですから、当然、その体験によって育っていたこころがとても育ちにくくなってしまっていることになります。

では、赤ちゃんがお母さんの背中で育っていた時には、赤ちゃんはお母さんの背中で何を感じ、何を体験していたのでしょうか。

日常の家事をしながら子育てをしようとすれば、おんぶをしないわけにはいきませんでした。昔の方は「背中にくくりつけて」という言い方をしていましたが、おんぶは掃除・洗濯・炊事というすべての家事がそのままできるということがだっこ帯と大きく違います。おんぶされている赤ちゃんは、お母さんの生活、家事一切を共に体験していたことになりますが、だっこ帯になった時点から、赤ちゃんはお母さんの生活を共に体験することがなくなりました。赤ちゃんと一緒にいる時間やスキンシップが少なくなっていっただけでなく、おんぶ帯からだっこ帯になった時点で、同じ音を感じ、同じ匂いを感じ、同じ風を感じ、同じ動線を動きながら生活をするということがなくなったわけです。

さらにもっと大きな心配があります。それは、赤ちゃんが眠たくなった時のことです。おんぶでは、赤ちゃんが眠くなって「うーん、うーん」とぐずりはじめると、「よーし、よし、ねむたいね」と揺すりながら声をかけて、寝つくまでおんぶし続けていました。おんぶしたまま家事ができるから、寝つくまでおぶっていても支障がありませんでした。そして、おんぶしたままその地方の子守唄を歌ったり、声をかけたりし続けていました。その子どもの身体のリズムに合った歌であれば子守唄でなくてもいいのです。子どもが寝ついてしまうまで、声が途切れることはなく、しっかりと肉声で包み続けてやるということを、そのころは当たり前のこととしてほとんどすべての親がやっていたわけです。

これを赤ちゃんの体験の方からみてみましょう。眠くなる時とは、おなかがいっぱいで、寒すぎもせず暑すぎもせず、お尻も濡れてなく「気持ちが良い時」ということですね。その時に人の声で包んでもらうという体験があったということになります。そして、非常に長い期間――昔の方は四～五歳まで平気でおんぶしていましたから――、子どもは「自分が眠くなった時に人の声に包まれる」という体験をしていたわけです。

一番気持ちが良い時に人の声で包まれるという体験が繰り返されることによって、「人の声で包まれることは気持ちが良い」というこころが育っていたのではないかと考えられます。すると、人の声が聞こえてくることで、気持ちが良い、自分をリラックスさせてくれるということが思い起こされ、他の音よりも人の生の声の方が体にしみこみやすい身体の状態になります。おんぶで育てられた子どもには、この「人の声って気持ちが良い」というこころと体が自然に身について育っていたということを感じます。

ところが、十数年前におんぶが激減してきて、それで育った子どもたちが小学校に入りだした時から、人の話を聞かない「低学年の学級崩壊」が問題になりはじめました。それまでの高学年の教師に逆らうという形での学級崩壊とは違って、低学年の学級崩壊は最初から教師の話が耳に入っておらず、教師が話をしていても平気で他のことができる子どもたちが現れたということでした。人の声が他の雑音と区別のつかない、同じ重要さでしか身体に入ってこない子どもたちが、その時代から大量に現われたということではないかと思われます。

人の声が他の音と区別して聞こえていないのですから、園に来て先生の話を聞かないのは当たり前です。つまり、一日中テレビがついていて、その前で寝かしつけられていた子どもは、肉声よりもテレビの音のほうが、気持ちが良いものとして体にしみこんでいるのかもしれません。この現実に手をつけず、「先生の言うことはちゃんと聞きなさい」と言っても無駄なのです。

今や、一番気持ちが良い寝つく時に、人の声で包んでもらったという体験が極めて少ない子どもがほとんどです。それは、人の声を気持ち良く感じる体が育っていないということになります。極端な話をすれば、一番気持ちが良い時にピコピコという電子音ばっかり聞いていれば、その子の身体は電子音が一番気持ち良いと感じる身体になり、ＣＤなどの機械音を聞かせていれば、スピーカーから流れてくる音が、自分にとって一番気持ちが良い音になってしまうということです。

気持ちが良い時に人の声に包んでもらい、人の声が他の音より気持ちが良いものとしてしみこんだ身体を作ってもらった子どもは、「もっとほしい」、「もっとそばにいたい」と感じることになり、人の声が聞こえてくると、他の音よりもその声をより吸収しようと、耳を傾け、身を乗り出そうとします。ですから、人の声が気持ちが良いと感じて育っている子どもは「聴く」のです。

これを幼稚園・保育園でもう一度取り戻すとしたら、私たちは何をしなければならないのでしょうか?それは、人の声って気持ちが良いんだなという体験をたくさん届けてあげることでしょう。子どもがリラックスして一番気持ちが良い時、お昼を食べた後ちょっとゆったりした時などに、先生の良い声で包んであげるなどの体験が、子どもたちの中に積み重ねられることが必要です。一斉にレコード、テープを流すのではなく、それぞれの担任の先生の声で包んであげる。生の人間の声が聞こえるということが繰り返された時に、子どもは「人の声が気持ち良い」、「もっと聞きたい」、かと思います。体験していないがために欠落していることを、できるだけ早い時期に取り戻してやること、それが保育者にとって、まず一番大切にしなければならないことではないでしょうか。

2. 布おむつ

次に、紙おむつがあげられます。紙おむつは一九八〇年代前半に日本に入ってきました。それは私にとっても、一九八二年生まれの長男を育てる時と、一九八三年生まれの長女を育てる時とで、大きな違いがありました。長男の時は紙おむつがなかったので、下痢をした時や旅行をする時は大変な思いをしました。しかし、長女の時は薬屋さんに走れば紙おむつを売っていました。そして、その後二、三年の間にアッという間に広がっていきました。

これは布おむつの「濡れるたびに取り替え」「おむつの洗濯をしなければならない」手間を省くもので、衣服をつけるようになって以来の人類の子育てにおいては大変画期的な変化です。しかし、「おしっこを何回しても、赤ちゃんのお尻は気持ち悪くありません。だから、赤ちゃんが泣きません」というコマーシャルには「ちょっと待ってください」と言いたくなります。

おしっこをして気持ち悪くて泣くということは、「自分がしたおしっこの冷たさを自分で感じ取り、知らせ、心地良くなるように働きかける人間になる」ということです。そう考えると、「おしっこしても何とも感じず、少しごそごそする違和感にも慣れ、平気でいられる人間」が紙おむつからは育つことになるのかと不安になります。「自分のしたことの結果を自分も引き受け、責任をとろうとする人間」か、「結果は自分の身に降りかからず、やりっぱなし、無責任な垂れ流しの人間」か、どちらに育てたいのですか?と聞かれれば答えは明らかでしょう。親の手間を省くために平気で紙おむつを使うのは、子どものこころの育ちから考えると疑問が生まれます。

「基本的信頼感」と言われるその子の一生を支えていくような信頼感ができあがっていくのが、この〇～一歳の乳児期だと言われています。

基本的信頼感の一つの側面は「自分は生きていていいんだ」という感覚です。自分は生きていていい存在なんだ、生きていることを認められるんだ、という「自己信頼」とか「自尊心」と言われるものです。

もう一つの側面は、自分の周りの世の中は自分を守ってくれるんだという感覚です。これは「他者信頼」「人間信頼」と言い、周りの世の中に対する信頼です。この「自己信頼」と「他者信頼」、この両面を合わせて「基本的信頼感」と言います。この基本的信頼感が何によって育つのかを考えてみましょう。この時代の子どもにできること、することといえば生理的なものを除けば、嫌な気持ちや不快を感じたら泣いて訴えるというのが赤ちゃんの唯一の表現手段です。不快を感じたら泣く、泣くと周りの大人たちはあわてて世話をする。世話をしてもらうと、不快な条件がとれて快な状態になる。すると赤ちゃんは眠くなる。眠って起きると何らかの不快な状況が起こっていて泣くか、不快な状況が起こっていなければ遊ぶということになります。

不快を感じる→泣く→世話をされる→心地良くなる→寝る→起きる→不快を感じる→泣く→世話

そういう生活がこの時期の赤ちゃんの基本的な生活パターンです。母親としては、これを一日に何回も何十回もさせられるわけですから大変なのですが、子どもにとって、この「不快を訴えれば、心地良い状態にしてくれる」というパターンの繰り返しは、「自分は、不快を訴えれば快な状態にしてもらえる存在なのだ→自分は生きていることが守られている存在なんだ→自分はこの世に受け入れられているんだ→この世は自分を守ってくれる世界なのだ……」という「基本的信頼感」が育つ体験の積み重ねとなります。一回一回は非常にわずかな体験ですが、一日に何十回も、そして一年の間には何千回もそれを体験することになります。このことによって「生きていていいんだ」という感覚と、「周りは自分をちゃんと守ってくれるんだ」という感覚が人生の一番初期の時代に育っていきます。身体が食べ物によって育つように、こころは、体験によって育つわけですから、どのような体験からそのようなこころが育っていくのだろうかと考えなければなりません。

紙おむつは、「赤ちゃんが不快を感じないから、赤ちゃんは泣きません」というわけですが、それは基本的信頼感を育むこの大切な関わりを消してしまうことになりかねません。だからといってたくさん泣かせなさいということではありません。大切なのは応えてくれる周囲とのコミュニケーションなのですから、紙おむつの普及でおむつを洗う必要がなくなった分だけ子どもに関わって頂きたいのです。しかし、残念ながら赤ちゃんが泣かないと、大人はめったに世話をしません。布おむつでは赤ちゃんが気持ち悪くて泣くから、十回も二十回もおむつを替えなければならなかったのですが、赤ちゃんが泣きもしないのに、せっせせっせと紙おむつを一日十回も替える人はいないのです。おむつを替えてもらうことによって、赤ちゃんは訴えれば心地良くしてもらえることを体験し、周囲への信頼感が育っていたことを思い出してください。

さらに布おむつから紙おむつになった時に、おむつを替える時の関わり自体が変わってしまったとも言えます。布おむつの頃は、赤ちゃんはおしっこをすると気持ち悪いから泣き、泣くとおばあちゃんやお母さんは駆けてきて、まずおむつに指を突っ込んで、ぬれてるなと思うと、「あらーぬれてるね」とか「あらびちゃびちゃだね」、「あら冷たかったね」と声をかけます。そして、声をかけながらおむつをはずして、乾いたおむつをあてて、「ほーら気持ち良くなったね。良かったね。あったかいね。あー良かった」と笑顔になっておむつ替えが終わるわけです。さて今私が言ったような言葉をふり返って考えてみてください。これは赤ちゃんが感じていることをあたかも自分が感じているかのように言葉にして返してやる『共感的言葉かけ』ということなのです。それを無意識のうちに、自然にやっていたのです。赤ちゃんが気持ち悪かっただろうな、赤ちゃんが

冷たかっただろうなと思うことを、「冷たかったね、冷たかった。嫌だった、嫌だった。ああ気持ち悪かったねえ」と言うわけです。しかもお母さんが気持ち悪かったり、冷たかったかのような表情までするのです。そして、きれいなおむつになると、「よかったね」とお母さんもにこっとして声もやわらかくなって声をかける。この共感的言葉かけを、おそらく布おむつの時には一歳半から二歳近くまでの間に何万回もかけてもらっていたということになります。自分が気持ち悪い時はお母さんも気持ち悪い顔をしてくれる。自分が気持ち良くなった途端にお母さんもにこっと緩んだ表情をしてくれるということを見ながら赤ちゃんはおむつを替えてもらっていた。この共感的なコミュニケーション、こころが通じ合い、そして言葉にして返してもらうというコミュニケーションが、紙おむつになったとたんに激減します。今、紙おむつを替えているお母さんは、どんな言葉をかけているでしょうか。実はほとんど言葉かけのない作業になってしまっています。

さらに、お母さんがおむつを替えるタイミングも気になります。布おむつの場合は、赤ちゃんが「泣く」というSOSを発して、それに応じておむつ替えが行われていました。しかし紙おむつでは、お母さんの一方的な判断で、ちょっと触って重たい、時間と場所がある、じゃあ替えようと思うわけですね。ところが子どもは今替えてほしいとも何とも思っていないのに、横にされるもんですから嫌がるんです。布おむつの子は、気持ち悪いですから、横にされると、はずして気持ち良くなるということが予測できるので、ふわっとリラックスするんですね。ところが、紙おむつの子は、気持ち悪くないのに横にされるから、嫌がって動こうとする。そうするとお母さんはおなかを押さえて、できるだけ早くささっと替えようとして、「じっとしてて。はい、いいよ」この間共感的な言葉かけは一切ないわけです。これでもまだ赤ちゃんを寝かせて替えているお母さんはまだましかもしれません。これがつかまり立ちができるようになると、バーか何かにつかまらせておいて、後ろからささっと替えて、「はい、いいよ」子どもは向こうを向いたままです。ただ立っている間に、何かこの辺がふわっと軽くなったかなというだけ。これは、周囲が自分に応えてくれる体験ではなく、突然前触れもなく自分を襲う、はぎ取られ体験なのかもしれません。

実はこのことは、共感的な人間関係ということのベースに関わる問題ではないかと思うのです。今、子どもたちの問題として、相手の気持ちが分からないとか、相手の痛みが分からないということをよく言われます。では、相手の気持ちや相手の痛みが分かる子どもになるためにはどうしたら良いかということですが、まず必要なのが、自分の痛みや自分の気持ちが分かってもらって嬉しかったという体験なのです。自分の気持ちを分かってもらって、ああ良かったとか、ああほっとした、ああ嬉しかったということがあってはじめて、相手の気持ちを分かる人間になるのでしょう。親世代の皆さん自身は布おむつですから、自分が嫌な時にお母さんも嫌な顔をしてくれて、あったかくなったと思ったとたんにお母さんもにこっとしてくれてというふうに、何万回も自分の気持ちを分かってもらって、自分の気持ちと一緒になってくれるお母さんとのコミュニケーションを、〇歳から二歳ぐらいまでの、人の顔に敏感な時にずっと体験していたわけです。ところが、今の子どもたちはそれをほとんど体験せずに過ごしているということですから、その子たちが本当に相手の気持ちや相手の表情を読み取って、相手の痛みが分かる人間に成り得るのだろうかということが心配になります。

もちろん体験としてゼロになっているわけではありません。子どもが転んでひざをすりむいて泣いていれば、「あー、痛かった、痛かったね」と言いますし、何か食べた後ににこっとすれば「おいしいねぇ」と言うでしょう。だからそういう関わりの中で共感的な言葉をかけてもらう体験はゼロではないのですが、食べる回数よりおしっこする回数の方がはるかに多いわけですから、最も多かった共感的な言葉をかけてもらう体験が、紙おむつになると同時に一気に減ってしまったことになります。そしてこの共感的関わりが減ってしまった子どもたちが、さまざまな事件の突端に立ってしまっていたということが感じられるのです。

しかし、布おむつに戻しなさいと言っても、これはなかなか難しいでしょう。あるいはうちの子紙おむつで育てちゃって、もうおむつ取れたという方が今からどうしたらよいかということもあるでしょう。大切なのは共感的な言葉かけです。子どもの気持ちになって、その気持ちを、「こうなんだね、ああなんだね」と言って言葉にして返してやって同じ表情をしてやるということが大事なんですね。ただし、このことは単に子どもの言いなりになるということではありません。

ついでに言いますと、子どもが何かが欲しいという時は、その物が欲しいんじゃなくて、「自分のこころに隙間があって何かで埋めてよ」というメッセージであるということも知っておいてください。ですから、何が隙間なんだろう、あるいはそのこころの隙間を作ったのは何なんだろう、私が忙し過ぎるんだろうかと考えてそこを埋めてほしいのです。「〇〇を買って」、「これが欲しいよ」としか子どもは言えないんです。でもそれは「お母さんの愛情が欲しいよ」ということかもしれないのです。ですから、子どもが何かが欲しいと言った時には、基本的には「こころの隙間があって、寂しいよ」というメッセージだと思っていただいて、物が買えるかどうか、物を与えられるかどうかではないと考えていただいた方がいいのです。

しかし、九〇年代以降もこころが育ちにくい状況はどんどん広がっています。そして二〇〇〇年代、この紙おむつ世代が思春期に突入してきました。自分が生きているということや、世の中への信頼感というものが、非常に揺らぐ中で悩みながら生きていかなければならない思春期の子どもたちが、これからますます増えていくのではないかと思います。

3. お話を聞くこと

三つ目は「お話を聞く」ということです。かつて、子どもたちへの情報は、ほとんど耳から入っていました。テレビが登場してからは、耳から情報が入ってくることがどんどん減り、話し合うとか話を聞くということがどんどん減ってきています。ここでは「お話を聞く」ことの重要性について考えたいと思います。

以前は、子どもたちが親に求めることの一つとして、「ねえ、お話して」という言葉がありましたが、今、家庭でこの言葉を聴くことはほとんどなくなってしまいました。もし、幼稚園・保育園で子どもたちが先生に「お話して」と求めるとすれば、その園は日常保育の中でかなり大切にお話をしてしてあげている園でしょう。

このお話を聞くという体験が、テレビの普及とともにどんどん減り、そのことで、子どものこころの中に育っていた色々なものが育ちにくくなってきました。ここからは、分かりやすく実験しながら話を進めたいと思います。まず、次のようなお話があったとします。

『むかーし、むかし、あるたんぼの道ばたに、一人のお年寄りが腰をおろしていました。お年寄りは、ゆっくり足をさすり、「あーあ」とためいきをつきました。たんぼには稲があおあおとのびています。

しばらく休んだお年寄りは、またゆっくりと立ちあがり、道を歩きはじめました。』

さて、今この話を聞いている自分を思い返してみてください。このお話を耳から聞いている時、皆さんは目の前に何か思い浮かべながら聞いているのではないでしょうか。つまり耳からお話を聞く時に、聞き手は「目の前にないものを思い浮かべながら聞く」ということをするのです。これは「目の前にないものを思い浮かべる力」、つまり想像力・イメージ力を使っているということです。聞き手はイメージ力を使いながら話を聞くということをしているということ、これがまず第一点です。

さて、今のお話の主人公ですが、みなさんの中にはおじいさんを思い浮かべた方もいれば、おばあさんを思い浮かべた方もいるのではないでしょうか。私は「お年寄り」としか言ってないので、聞いているだけならば、どちらも間違っていないのですが、視覚イメージを思い浮かべようとすると、男でも女でもないお年寄りって思い浮かばないのです。そうすると、皆さんはかなり勝手におじいさんかおばあさんに決め込んで話を聞いていたのではないでしょうか。

さらに視覚像というのは、同時に幾つものイメージを表現することができますが、耳からのお話というのは一度には一つのことしか言えないので、一度に伝わる情報がすごく少ないという特徴をもっています。そのために、視覚イメージを作るためには足らない情報がたくさんあることになってしまいます。例えば、あなたがイメージした主人公の着ている物はどんな物だったでしょう。「茶系の服」「グレーの作業服」「紺の絣」「白いシャツにグレーのズボン」など、いろいろ出てくると思います。語り手が着ている物のことを言わないからといって、裸を思い浮かべるわけにはいかないので、自分なりのイメージで自分なりの服装をさせているわけです。つまり皆さんは視覚イメージを作る上で足りない情報を自分で付け加えていたことになります。

これは、創りだす力、創造力という力を使いながら話を聞いていたということです。これが第二点です。話を聞くということは、実は話し手の話をただ受け止めればいいというだけではなく、これも足りない、あれも足りないからと、聞き手の方も仕事をしなければならない。聞き手も力を出しながらでないと聞けないということになるのです。この力を必要とするということが、話を聞くのは疲れるとか、飽きてしまうということを引き起こすのです。

さて、このお話にはもう少しつづきがあります。

『さて、お年寄りはゆっくり歩きはじめました。遠くの山々はかすかにけむっています。

空には鳥が鳴いていました。しばらく歩いていたお年寄りは、やがてハッとして立ち止まりました。』

さあ、この人は何故立ち止まったと思いますか?実はすでに皆さんは、何かを感じていらっしゃるのでしょう。次の三つから自分の頭の中に浮かんでいたことを確かめてみてください。①何かを見つけて立ち止まったと感じてらっしゃる方。②何かを思い出して……という方。③道が急に二股に別れていたとか、あるいは崖崩れでその先に道がなかったとか、そういう客観的な理由で立ち止まったという方。さて、どれだったでしょうか?

これは、「立ち止まりました」と言った時に、視覚イメージとしておじいさんやおばあさんを立ち止まらせるために、皆さんのこころはちょっと先を予測しているということの表れです。言葉というのは、視覚像を動かす時に必要な情報は次を待たないと出てこないので、聞き手は次にこういうものが出てくるからこの人は止まったんだろうなと予測します。つまり予測力を使いながら聞いているわけです。私たちは日常的にも、こういう言葉が出てきたら後にはこういう言葉が出てくるはずか、こうなんだろうな

と思いながら話を聞き進めて、「やっぱりね」とか、「ちょっと違った」と微調整しています。これが第三点です。

つまり、お話を聞くという活動が日常的にある中では、こういうイメージ力、創造力、予測力という力が常に使われているということになります。視覚イメージで情報が伝えられていくような社会になる以前の、お話を聞き、そして話をするという生活の中では、人は常にこういう力を使いながら生きていました。ところが、テレビ文化が入ってきて、それと共に話だけで理解するということが失われ、絵になり、あるいはその絵がアニメーションとして動きだし、という生活の中では、子どもはこのようなイメージを思い浮かべる力などを必要としなくなりました。

今のお話でも、アニメーションで見せられれば、見ているだけですべて分かり、想像力や創造力を使うことは不必要です。そうすると、今の子どもたちがこういう力をほとんど使わずに育っているということが分かります。聞くための「想像力」や「創造力」が育っていない。そしてお話が聞けないからテレビやビデオを見せる。そういう中で、子どもは動く絵があればそれに集中するけれど、「想像力」や「創造力」そして「予測力」という力を使いながら聞くということがどんどんできなくなってゆくという悪循環を生んでいるのです。

そして、人間の力というのは、物やお金と違って、使わないと失われてゆくものです。例えば足の力でも、骨折して一ヶ月使わなかったら力が減ってしまって、使いはじめはうまく使えないですね。しかし、使うこと（リハビリ）によって力を取り戻して使えるようになるわけでしょう。ということは、人間の力というものは使えば使うほど、力として使えるものになるけれど、使わないと力を失って使えなくなってゆくものだと言えます。これが、この想像力・創造力・予測力についても言えるのではないでしょうか。幼い時からこういう力を使わずに育てて、さて思春期になって「想像力がないわね」と責めても、それは彼らのせいではないわけです。最近の事件に関して、「相手の痛みが分からない」「相手の気持ちが分からない」とよく言われますが、相手の痛みが分かるとはどういうことなのか考えてみてください。相手の痛みとか相手の気持ちが見えるでしょうか？いいえ、見えません。目の前にないものを思い浮かべて、痛んでいる姿があたかも現実のように感じるという想像力やイメージ力がなければ、相手の痛みなど分からないのです。あるいは相手は自分の気持ちを一〇〇％表して伝えてくれるわけではありませんから、足らない情報を付け加えて相手を理解する力がなければ、相手の痛みとか相手の気持ちなど分からないのです。いじめなどの加害少年が、「あいつ（被害者）はイヤだなんて言ってなかった」「断らなかった」という言葉をよく言います。まさに、付け加えて理解する力の不足です。また、「こういうふうにしたら、相手は嫌だろうから、こうしないほうがいいな」、「こうしたら相手は喜ぶだろうな、だからこうしてやろう」と予測して、自分の行動を決められることが、相手の気持ちが分かって行動ができるということですね。

つまり、相手の気持ちが分かる行動がとれる子どもになるためには、この「想像力」「創造力」「予測力」という三つの力が不可欠なわけです。ところが、今の子どもたちは幼い時から幼稚園・保育園・家庭の中で、お話を聞くという体験がほとんどないまま、こういう力を使わずに育っているわけですから、こういう力が育たないまま思春期に入っていくことになります。

お話を聞くということは、頭の中のこういう力をいっぱい使うということになり、それはお話を聞く力というレベルにとどまらず、相手の気持ちが分かり、相手のこころが分かる、そういう人間になるための大切な力を耕すということになるのだという認識のもとで、もっともっと子どもたちを皆さんの生の声、お話で包んであげる時間を持っていただきたいと思います。

4．「家族」と関わり体験

近年、子どもたちを取り巻く環境の中で、家族体験が非常に薄くなっています。これは、核家族化も原因していることがあるかもしれませんが、それだけではありません。仮に祖父母がいても、一緒に食べること、眠ること、家族で何かを一緒にするという体験、がどんどん減ってきているのです。

例えば、今おふくろの味を伝えているお母さんは、どれくらいいるでしょうか？　おばあちゃんの味であって、決してお母さんの味ではないと言われます。それどころか、「おふくろの味」という言葉を、メーカーのコマーシャルと勘違いしている小学生がいるという話を聞き唖然としました。さらに、離乳食は瓶詰めや袋入りでないと不衛生だと思っているお母さんもいます。

子どもたちの味覚がズレてきて、非常に塩気が強いものや、辛みの強いものを平気で食べたり、子ども向けのドリンク剤の売れ行きが伸びたりしていて、「おふくろの味を伝えられるのは保育園だけかもしれない」というがっかりするような話もありますが、ますますその傾向は強くなっていくのではないかと思います。これからは若いお母さん方に「こういう食事もあるのですよ」と伝えていくことも、園の役割として求められてくるようになるかもしれないと不安になります。

また、朝食をまともに食べていない子どもたちが増えています。これは子どもたちの寝る時間のズレとも大きく関係しています。今は八～九時に寝ている子どもは半数以下で、十時過ぎに帰ったお父さんの食事と一緒に間食をしているとなると、朝食をまともに摂れるわけがありません。

そして、朝ご飯を食べないで、園に来る車の中でちょっと何かを口に入れる程度。本来子どもたちの活動が高まるはずの午前中にエネルギーが足りなくて、だらーっとして動きがない、やる気がない、動きたがらない、友だちと元気に遊べないという子どもたちが、どんどん増えています。

そういう子どもたちに、いくら「元気に遊ぼうよ」と誘いかけても無理です。寝不足なうえに朝ご飯もまともに食べていないのでは、幼い子どもたちが本来もっている活動性も、励ましだけでは出てきません。

家族揃って食べる体験も減ってきています。夕飯を家族揃って食べることがほとんどない上に、朝ご飯もお父さんの食べる時間が違う。子どもが食べている時、「早くしなさい!」と言いながらお母さんは出かける支度をしている。そういう食事風景ですから、子どもが嫌いなものを食べている時に、「頑張って食べようね」という声かけもない、「食べなかったら、もういいよ」という雰囲気の中で、偏食や、好きなものだけを食べる傾向が強くなっています。

このように食生活だけを取り上げても、当たり前と思っていたものを体験していない、継承されていないことの結果を、子どもが引き受けているのが現状です。子どもたちの朝の食生活の保障を誰がするのか、どこが責任をもつのかが、これから大きな問題になってくるだろうと思います。朝食レストランを園の横にもっている園も生まれたと聞きます。そのうち、夕飯のお総菜屋や夕食レストランを併設した園も出てくるのではないかとなると、ますます家族の機能の崩壊を感じます。

それに加え、親と一緒にお風呂に入る子どもが少なくなっています。お風呂というのは、親も子どももリラックスして、「実はねー、今日ねー」と一日を振り返る、夕方から夜にかけての大切なコミュニケーションの時間です。その特殊な空間に守られてお母さんに「実はねー、今日ねー」と打ち明けることができていたのに、今はそれもできなくなっているのです。

さらに、今、家族の中での言葉のやりとり、顔を見ての「会話」が極めて少なくなっています。人に話しかけるチャンスであるとか、人とやりとりをするチャンスが家庭から失われています。きょうだい関係もそのひとつです。きょうだいで遊ぶという体験が非常に乏しくなっています。きょうだいが遊んでいても、テレビゲームを一緒にするという関係しかもてないきょうだいも多くなっています。これはお互いに顔も見ないでの単語だけの会話になります。そういう中で、お兄ちゃんが弟の面倒をみなければいけないとか、お姉ちゃんが赤ちゃんのお守りをするということを、ほとんど体験していません。

このように家庭で人の世話をする体験をしていないことを補うものとして、幼稚園・保育園で、大きい子どもが小さい子どもにどう関わるかが重要になってきます。関わりはもちろんいい体験ばかりではありません。年長のお兄ちゃん、お姉ちゃんが「あの子は言うことを聞いてくれない」、

「あの子はわがままばっかり言う」、「あの子は全然なついてくれない」、という体験をしながら、自分の意のままにならない相手とどう折り合いをつけていくかという体験がきょうだい体験だと思います。

　このようなきょうだい体験を園の中で積極的に作っていかなければ、自分の意のままになる相手とは付き合うけれど、そうでないと付き合わないということが、当たり前の人間関係になってしまいます。家族の中でも、弟が言うことを聞かないなら「もういい」、「こっちでしておきなさい」と、一緒に遊ばなければ遊ばなくてもいいという状況が許されているので、子どもたちはなんとか工夫して、相手と折り合いをつけてゆくという体験をほとんどしていません。

　このような関係づくりは、縦割り保育で遊ばせておけばいいというものではありません。そのような形では、大きい子は自分の気に入った子どもとしか遊ばないということを覚えてきます。小さい子どもと遊んでいれば折り合う力が育つかというと、そうではないのです。相手ができないことをケアしながら、折り合いをつけながら工夫して自分が折れていく、自分が待ってやる、自分が変わっていく、年下の子のお世話係などの成長していく力をつけていくチャンスとして、これからは園の中で擬似きょうだいの体験をも考えていかなければならないかもしれません。

5. 自然体験

　今の子どもたちから欠落しているものに、自然と自然体験もあります。周囲に自然がたくさんあるからといって、子どもたちは自然を体験しているわけではないのです。農業を営む家庭でも、田んぼの泥の中にズブズブと入ったことのない子どもがいます。都会の子であればなおさら、家から園に来るまで、土の上を歩いていない子どもすらいるのではないでしょうか。

足を泥の中に入れた時、指の間からニュルッと土が出る「あれがいやっ！」という子どもが増えています。油粘土がダメという子も多いようです。本来は人類が当たり前のこととして体験していく中で「ああ、気持ちいい」と感じたことが、今の子どもたちにとっては緊張する体験になっています。

〇～一歳の子どもは泥・土・水のようなものが好きです。五感で直接感じるような、「ニュルニュル、冷たあーい」という感覚でこの世の中をつかまえていくのは、乳幼児初期に大切なことです。そして、その時に興味をもつものは、石、泥、葉っぱ、そして、ミミズやダンゴムシ。つまり、地球上に古くからいたようなものから関心を持ち、だんだん哺乳動物のほうに関心が向いてくるという経過があります。

ところが地球上に古くからいたようなものは、あまりきれいでないものも多く、若いお母さんにとっては、「あっ、そんなもの、お家に入れないで、汚い！」となってしまいがちです。子どもがこの世の中との関わりで最初に興味をもったものに「ああ、そういうもの見つけてきたの、おもしろいね」と言ってもらえれば、そこから好奇心が湧き、子どものこころが動きだすのですが、「あっ、なんて汚い、そんなものを。持って来ないで、手を洗いなさい」と言われたとたんに、子どもの動き出したワクワク感や好奇心はストップしてしまうことになりかねません。人間が何千万年も体験してきた、泥土を素足で歩くような体験が、急速に失われているということは、本来の人間性へと育つ道筋が歪められたり、閉ざされたり、足りなかったりしているということなのです。するとこれからは幼稚園・保育園の自然環境が問われる時代です。園庭と運動場は違うということをこころして、園庭は子どもにとって大切な自然環境だということを再認識してください。

もう一つ、命としての自然があります。今の子どもたちは、命との出会いが非常に希薄です。私たちの命は、命の連鎖の上に成り立っています。他の命と関わりを持たずに、私たちの命は存在しえないのです。このことに今の子どもたちは直面していません。

家庭や園の中で昆虫・魚・鳥・哺乳動物など命あるものと接することが大切です。それが無理ならば植物もいいでしょう。子どもたちと一緒に芽の時から命を育てる、卵から命を育てていくという過程があった時に、子どもはその命を自分のつながりとして感じとることができます。園では、できれば食べられる植物を子どもと一緒に育ててください。そして、昨日より今日、今日より明日と大きくなっていく命と関わり続けてほしいのです。収穫は命を知る上で必要な体験ですが、過去、現在、未来と命をつなげるという認識を持つことがとても重要なのです。

実りが日々見える実の方が生命の育ちを実感できます。さつまいもやジャガイモは収穫の喜びはあっても生命の育ちを感じるのは難しく、なすやキューリ、トマトの方が日々、喜びを共有できます。ある園で大根を育てた時のことです。大根は間引きの時期を迎えました。すると、先生は真面目に「さぁー間引きをするよ」と、子どもたちに言ったそうです。

「どうするの？」

「一番元気なのだけを残して後は抜くんだよ」

「なんでそんなことしちゃうの、一生懸命、芽出したんだよ」

子どもたちは抵抗したそうですが、先生は何度も説明して間引きをしました。それでも、子どもたちは抵抗して、間引いた大根を別の場所に移植したそうです。子どもたちの発想はすごいですが、翌日、全部枯れてしまいました。


その年の研修会で先生は、「間引きの時は子どもたちはとっても抵抗したけれど、秋になったら立派な大根ができました」と大きな大根を抱えてにこっと笑っている子どもたちの写真を見せ、「最後には収穫の喜びを子どもたちは感じられたので、これでよかったと思います」と発表されました。

しかし、私たちの仕事は、立派な大根を育てることではなく、命を育てることを通して子どものこころをどう育てていくかということです。この保育者は確かに立派な大根を育てましたが、子どもたちのこころは傷ついてしまいました。子どもたちのこころに『元気で立派なものは生き残る価値があるけれど、そうでないものは淘汰されて当たり前』ということを植え付けてしまったわけですから、これでは保育とはいえません。この解決方法は二つあります。一つは穴の中に一粒の種しか入れないという方法です。これは農業的にはとっても悔いがある育て方ですが、私たちが子どもに伝えることは、一つひとつの種の中にある命を大事にしたいという思いです。一つひとつの命をかけがえのないものとして、初めから信じることから始めるというあり方を伝えたいと思えば、そうしなければならないでしょう。

もう一つの解決方法は、柔らかい葉っぱの時、一口で食べられる大きさの時、おいしい大根になった時、その時その時の一〇〇％の大根の命をいただくというように理解するということです。「元気がないからとっちゃおう」ではないわけです。大根は太い根を食べるものと決めたのは人間であって、大根としては葉を食べても、一口くらいの大きさで丸かじりしても、花の蜜をとっても、菜種をとってもいいわけです。子どもたちに本当の命を、その時その時にしっかりと伝えたいという原点にたちながら保育をしていくことが大切です。

自分が毎日成長を楽しみにして育てたものの生命を奪い（収穫し）、自分で食べた時、はじめて、子どもたちは、『自分の命は自分だけのものではない、自分に命をくれているたくさんの命の上に自分の命があるということ、そして、自分は他の命をいただいてしか生きられない存在であるということ』が分かります。これは命というものについての深い認識ですが、これを五歳児に言葉で分からせようとしても無理でしょう。でも、命を育てる体験をした五歳児には分かるのです。このことを、幼児期の最後にじっくりと子どもたちに実感を伴って体験させていただきたいのです。

さらに近年、子どもの五感のうち、視覚と聴覚が中心になって、味覚、嗅覚、触覚の体験が欠けてきて、非常に歪んできています。人工的なものだけしか体験しなくなり、体験しないものは自分にとってマイナスと受け取りやすくなっています。子どもたちのいい匂いは自然のいい匂いでなく、芳香剤のいい匂いです。そして、匂いと臭いを使い分けていて、自然界の匂いは青草の匂いも潮の香りもみな臭いに入ります。

自然と遊び、虫と遊び、泥をこねて、裸足で走る。今それが環境的に難しくなったからこそ、そこに手間をかけなければならないのではないでしょうか。テーマパークに出かけてお金をかけて遊ぶことは子どもたちに仮想現実を与え、自然な体験なしに育てようとするものでもあり、それは「本来の生き物としての人間らしく生きる」ことと相反するものになりかねません。子どもたちに自然な匂い、自然な触覚、そして自然な味覚を体験させていくことも、園の仕事としてますます要求されるようになるだろうと思います。特に触覚は全身に広がっているものであり、大切です。さらに平衡感覚などの身体全体の身体感覚もうまく身についていない子どもも増えています。

6．失敗体験と豊かな感情体験

子どもたちはたくさん失敗をして、失敗から学んで成長していくものですが、最近では、失敗したくない、

あるいは失敗するようなことには手をつけない子どもたちが増えています。またお母さんたちは失敗をさせないように、先にいろんな手を打って、できるだけ失敗をさせずに、早くたどりつくように道を作ってしまう傾向があります。先生方もできるだけ失敗なく今日の保育計画が達成されるようにと、誘導してはいないでしょうか。それが失敗体験の欠落につながっています。

特に、子どもが少なくなり、お母さんが子どもに関わる時間が増えていくほど、お母さんは子どもに失敗をさせないようにしてしまい、その結果、子どもは失敗を恐れるようになり、ものごとに最初から手をつけようとしないことが増えています。子どもたちには、失敗する権利があるのです。

例えば、歌を歌うことや体を動かすことのような結果が残らないことはするけれど、絵を描くことや物を作るというような結果が残ることをしない子どもたちは、自分の結果が残ることへの怯えがあるからかもしれません。こういう子どもの場合は、結果が残らない絵からはじめてあげましょう。例えば、砂の上に絵を描くというような、消せば消えてしまうという体験からさせていけば、表現へのためらいがずいぶん薄れます。失敗体験のなさは決して子どもたちにとってプラスには働きません。失敗できるチャンスを与え、失敗から学ぶこと、いくら失敗したっていいんだよ、失敗したって君という人間がダメになるわけではないんだという、もっと深い信頼感を育ててやることが、保育者の役割としてあると思います。

また、不快をどんどんカットしていくことで、子どもが快適を感じるチャンスがなくなっていることも事実です。例えば、暑いと思うから、風が吹いた時に「わーっ、気持ちいい」と感じるわけです。「暑いよう、汗かいた」、すると、お母さんが着替えさせてくれた。扇風機の風や団扇の風が当たって、「ああ気持ちいい」と感じる。……このこころの動きが、こころを育て、こころを豊かにしていくベースになっていました。

いつも暑くもなく寒くもなく、お母さんがあおいでくれなくってもかまわないという冷暖房のある環境の中でずっと生きている子どもたちは、体験の起伏の幅が狭くなってきます。自分の体験の幅を越えるものは体験を越えるものになりますから、「なんでこれくらいでキレルの？」と大人が思うくらいであっても、その子はそれまでそのレベル以下しか感情体験をしてきていないので、その子にとっては初めての、非常に大きな、自分の体験をはみ出した体験になるわけです。

確かに私たち大人や親たちは、子どもができるだけ嫌な思いをしないように、不快な思いを取り除いてしまおうとしますが、そのことで、かえって成長過程の子どもたちに必要な体験や感情の起伏というものを、乏しくしてしまっているのではないかということに気づかないといけないでしょう。

幼稚園・保育園の中でも、毎日子どものこころが動いているでしょうか？子どもが絵を何枚描いたとか、跳び箱を何段跳べたということよりも、跳べなかった子が跳べるようになるまでみんなで「がんばれ、がんばれ」と応援した緊張感ややっと跳べた時の喜びというような感情体験こそが、保育の中で一番大事にしなければならないことだと思うのです。そういう体験を深めていくことの大切さが、時間に追われる中で「何をしたか」「何ができたか」という結果のみを見て通りすぎていっているような気がします。

幼い時に、不快なことや、友だちとのトラブルや、泣くような体験も含めて、全部体験した上でそれを乗り越えていって、ホッとしたというところまでの体験をたっぷりとしていただきたいと思います。

7. 多重な人間関係

最後に、多重な人間関係が失われ、子どもたちが非常に薄っぺらな人間関係の中で育っているということをあげましょう。かつては、隣のおじさん、隣のおばさん、裏のおじいちゃんおばあちゃんという、自分の直系の家族以外の人間関係が複雑にあり、近所の祭りに行って悪さをすれば、隣のおじさんに「こらっ」と怒られ、木に登っていれば「降りてこい、あぶないぞ」と声をかけられる、といったいろんな関わりがありました。子どもたちが多重な人間関係の中に生きているのが、かつての地域社会でした。

子ども一一〇番という看板を掲げなくても、かつてはその子が通う道筋の田畑で働くおじさん、おばさんが「おい、○○ちゃんお帰り」と声をかける関係はいたる所にありました。ところが、今の子どもたちは学校の体験がほとんどを占めています。そして学校での先生と生徒、家での親と子という縦の人間関係と、同年の横並びの関係以外の人間関係が非常に希薄です。おじさん、おばさんや近所の兄姉格の人などとのナナメの関係が失われています。多重な人間関係、これはマイナス的な表現では「しがらみ」ですが、適度な「しがらみ」は、その人が落ち込んだりしそうになった時に、上手にその人を軟着陸させてくれる力になります。子どもを心配している人たちのネットワークを子どもたちの周りに作っていき、――子どもたちはそれをうるさいなーと思いながらも――、それに守られているという安心感がもてる環境が大切です。人との関わりを面倒くさいとか、煩わしいとか感じるのではなく、「結構気持ちいいよね」と感じ取れる子どもたちに育てていただきたいと思います。そのためには親自身がそう感じられることが必要なのでしょう。

この多重な人間関係を子どもたちの周りにどう作っていくかは、そのお母さんが多重な人間関係を煩わしがらずに関わるかによります。園に迎えにきても、「おたく何組さんですか？」と話しかけることがないお母さんが増えています。お母さん同士の人間関係作りも、これからの園の役割として求められることになると思います。

子どもたちにとってより良い環境を作っていくことが、多重な人間関係を保障することであるならば、園がお母さんの人間関係作りに一役買ってもいいのではないでしょうか。人間を信じて育てる環境作りに、保育者はプロとして何ができるかと立ち戻ってみると、一つひとつのことがほぐれてくるような気がします。

第二章　電子映像メディアと暮らす子どもたち

一九九〇年代終わり頃から、テレビ、ビデオ、テレビゲームなどの電子映像メディアが影響しているのではないかと思われる少年事件が目立って報道されるようになり、ゲーム漬けの子どもたちを心配する声が高まりました。一方、乳児期からのメディア漬けの悪影響に危惧を感じた日本小児科医会・日本小児科学会は二〇〇四年、相次いで乳児期初期からの長時間視聴を戒める警告を発しました。

今では子どもの日常生活に深く食い込んでいるテレビという機器が家庭に入り込んでまだ五〇年ほどしか経っておらず、そのテレビと共に育った子どもたちが、どんな世の中を作っていくのかは、今まさに実験中だということなのです。そして、二十一世紀の高度に発達したＩＴ社会の中で、子どものこころの育ちの問題点、また心掛けなければならないこともどんどん複雑化しています。だからこそテレビの影響を予測し、仮説を立て、実証していくという事が必要なのでしょう。

1．テレビ漬け家族

毎日三時間以上、テレビ、ビデオ、コンピューターゲームが子どもたちの時間を奪っています。これが休日や土・日曜日では、五～七時間になります。今の子どもたちはテレビがあるのが当たり前、テレビがない生活を体験していません。だから、テレビを消すとどうなるかに不安があります。経験していないことに対しては非常に不安になり、便利なことを経験すればするほど不安材料は増えていく……。そういう悪循環が今、子どもたちに起こってきています。

今の子どもたちは、体験からではなく、メディアを通してかなりの情報を得ています。「不思議だなー、どうしてだろう」と思う、そのきっかけを尋ねると、「テレビで見て」「番組の○○が言っていたから」という理由をあげる子どもが年々増えています。短大の入試面接でさえ、「保育者や施設職員を希望するきっかけ」にテレビのニュースやテレビドラマをあげる受験生が増えている現状です。

人間のこころの動きは、体験することにより好奇心や疑問が浮かんでくるのが基本で、体験なしに情報として頭に入ると応用のきかない単なる知識になってしまいます。また、インターネットなどで情報を手に入れることが便利な社会になりましたが、その影で、子ども本来の「不思議だなー」と思う疑問や好奇心が育ちにくい社会になっているとも思われます。

一九九七年十二月に『ポケモンショック』と呼

ばれる事件があり、番組を見ていた子どもたちに光刺激が原因と思われるいろいろな症状が現れました。その時診察した小児科の先生方や放送関係の方々と、一九九九年私たちは子どもとメディア研究会を立ち上げました。番組は一時放映中止になりましたが、その間に多くの投書が届いたそうです。投書には二種類あり、「子どもの体にとって良くないものは、もう放送しないでください。」と「うちの子が見たがって困りますから早く再開してください。」というものだったそうですが、後者の方がはるかに多かったと聞くと、保護者の認識の薄さが気になります。

その後、注意事項が決められ番組は再開されています。最近ご覧になった方は、注意がテロップで流れているのをご存じだと思います。たいてい二項目の注意が流されます。一つは「部屋を明るくして見ましょう」です。これはほとんどのお母さんが守っていると思われます。もう一つは「テレビから離れて見ましょう」なのですが、これが問題です。これはほとんどの家では守られていません。つまり、ポケモン事件の後に、その時に見ていた距離よりも離れて見はじめた家庭がどれだけあるかということです。同じ場所で見ている家庭がほとんどではないでしょうか?

一方でその注意をテロップで流しているということは、どういうことか考えてください。ある方が、こう言われました。「『泳ぐな注意!』という看板は泳いだら危ないところにしか建てないだろう?だったら『部屋を明るくして見ましょう』という注意が流されるということは、その番組は部屋を暗くしたままで見せると危険な位の強い光刺激は出ていますよ…ということなんだよ。守らないと危険だということだよ」と。守りにくい状況にあって守らなければ、もし、今後同じようなことが起こったら、守らなかった親の責任になるということなのです。

しかも、流されていない注意項目の中に、「もしテレビを見ていて気分が悪くなったら、すぐに目を閉じないでください」というものもあります。つまり、また気分が悪くなる子どもが出るかもしれないという予測も持っているのです。受け取る側が「あれは安心。だってそういう注意事項ができあがった上で流されているのだから」と思い込むと、とんでもないことになる危険性を帯びていることを知っておいてください。

さらに、「強い光刺激ないし音刺激を十秒ないし十五秒に一回以上入れて作ると、子どもは簡単に中毒症状になって、それを見ないといられないようになる」という話も聞きました。試しに番組をビデオにとって確かめてみると、確かにそのように作られていると思える番組も多くあります。

例えば、再開されたその番組は、最初に流れるタイトルバックがはじまって十秒も経たないうちに非常に強い光刺激、強い白色の光が画面全体に出て、そのあと何秒かしたら、今度は左下から一気に画面全体が入れ替わる……というように、視覚像の変化が短時間で強烈です。ほんの二分程度のテーマ音楽の中で二十数場面変わります。ちなみに、一昔前のアニメ『アルプスの少女ハイジ』のタイトルバックを比べてみると、音楽にのってハイジが歩いて行き、その後ろの山が反対方向に流れて行くという連続場面になっています。その後、ハイジが長いブランコで、行ったり来たり。坂の下からペーターと羊たちが来る。同じ時間のタイトルバックの中で三～四場面しか変わりません。あとは全部連続場面ですから、見ている子どもはゆっくりと画面を追うことができるわけです。

番組の中身の刺激もずいぶん変わってきています。今の子どもたち向けの戦闘シーンには強い光刺激と強い音刺激があり、多くに使われている音刺激は、高音の「プシュッ」です。これは、かつてはピストルの音として使われた音ですが、今やこれが至るところに使われています。例えば、主人公が現れる時には「プシュッ」と現れます。去る時にも「プシュッ」です。この「プシュッ」は、相手をビクッとさせ、そちらに注意を向けさせ、警戒心を起こさせて身構えさせる効果があります。そうすると、「プシュッ」のたびに、子どもたちは画面に釘付けになります。強すぎる刺激を受けた時の子どもの反応は二極化されると言われます。過敏になって不安を避けようとするか、鈍化して感じなくするかです。どんな場面も無表情で見ている子どもたちを見ると、子どもたちはこころのバリアを上げて、感じなくなっていっているように見えます。そういう子どもが、テレビを見終わったからといって「今度は感じて遊ぼう」などとできるわけがありません。こころのバリアを上げてテレビを見ていた子どもは、たとえ友だちと遊ぶ時でも「フン、たいしたことない。つまらん」という状態に陥ってしまっているのではないかと思われます。

保育現場におられる方々は、最近は、自閉傾向と類似した、視線が合わない、常同行動が見られるなどの症状をもつ子どもが増えていると感じているのではないでしょうか。自閉傾向の子どもは、認知障害、中でも感覚の過敏性を持って生まれたと言われています。しかし今はそのような過敏性を持っていない子どもまでが強すぎる刺激に日常的にさらされることによってそれと同じような状況を人工的に作られているように思います。それは持って生まれた過敏さからではなく、刺激のほうが強すぎるために、自閉傾向と同じような状況をその子自身が作らざるをえなくなった結果、後天的に自閉傾向に類似した子どもが増えたということではないかと思っています。メディア漬け、あるいはテレビ視聴によって、いろんなトラブルを持ちはじめている子どもたちが目立ってきている気がします。

子どもたちに対するテレビの影響はその他の面にも見られます。テレビが文化と呼ばれるものの一部であるとするなら、特に子どもを対象とした番組であればなおさら、人のこころを動かすものでなければならないと思うのです。たしかに、しっかりとした方針の元で、人のこころを動かすような番組もあります。しかし、多くの「子ども番組」と言われるものは、大人の番組より遥かに低質な文化レベルで子どものこころをくすぐろうとしていますし、「子どものこころを白けやすくさせ、動きにくくしてしまうものさえある」ことに気づいてください。例えば、ドラマが一番盛り上がったところでコマーシャル……という作りの番組を見慣れている子どもは、この習性がしみついて、コマーシャルのない映画や舞台劇を見ている時も、話が盛り上がってくると「もうすぐコマーシャル」「もうすぐ終わって、『また来週』になる」と身体が反応してしまうのです。話の盛り上がりと共に気持ちが盛り上がるどころか、最もハラハラドキドキするクライマックスになると、気持ちの方は「もう終わるぞ」と準備を始め、自分の気持ちが盛り上がったまま置いてきぼりにされる不安が頭をもたげて、こころが白けはじめてしまう姿に出会います。つまりこのような子どもたちは、日常生活においても、集中した持続力に欠け、新しい刺激を求め続け、まさに最も肝心なところまでくると白けはじめて気が散ってしまうということを繰り返すのです。

また、家庭のテレビが複数になり、テレビの操作《コントローラー》を子どもが握った時、番組が面白くないと、子どもでもチャンネルを変えることができるようになりました。これは、テレビゲームが登場してさらに加速されました。テレビゲームはこの「操作の部分」を主にし、子どもの全能感、自我肥大を増長させたのです。そして子どもたちのこころは、外の世界を自分が適応する対象としてではなく、自分の思い通りに操作できるものと受け取るようになり、相手が気に入らなければ、相手を操作しようとしたり、相手の思いなどお構いなく、その面前からさっさと立ち去るといった行動が当たり前になったのです。そこでは、人間関係を調整したり、折り合いをつけたりすることより、勝つか負けるか、消すか消されるかといった二者択一的な発想が幅を利かせます。子どもたちの人間関係はその様な歪みに色付けられはじめています。少年事件はその最前線にある警鐘なのではないかと思えるのです。

テレビが家庭に入りはじめた頃、画面を食い入るように見ていた子どもたちは、次第に見流し、聞き流しをするようになりました。見流し・聞き流しのくせは、当然対人関係にも現われ、目の前に居る人のしていることや話を、面白くなければ見流し、聞き流しをする子どもたちが増えました。教師の注意や叱責でさえ無視して聞き流す子どもがいます。そのような子どもは、「面白くないと見流し、聞き流し」を無意識のうちにやってしまっていて、一生それは続くのですから、日常生活や社会生活において、見流し、聞き流しの態度が身についてしまったことによって失われるものも少なくないはずです。

同様に、面白くなければスイッチを切ってしまえばいい、チャンネルを変えてしまえばいい、という状況でテレビを見て育った子どもたちは、授業でも、話でも、目先が面白くないとすぐ聞かなくなってしまうようになりました。子どもの集中力がせいぜいテレビのコマーシャルまでの間の一

○～一二分という意見もうなずけるところです。

また、テレビは、カメラを通して写したものが映し出されるわけで、大事なものや話している人はクローズアップされ、雑音は消して編集されています。ところが、日常生活や人形劇、生の舞台では、当たり前ですがクローズアップはありません。今話をしている人の他にもたくさんの人や声がそこに登場したまま話が展開するわけですから、自分は話している主人公や相手、今の場面で大切なものを、自分で選んで目を向けなければならないということになります。そして、相手との普通の距離は、テレビとの距離より遥かに遠く、耳を傾け、身を乗り出さないと、自分の周りの雑音が邪魔をするのです。テレビのように自分に都合のよい音量まであげることはできないのです。このようなことを幼児期に繰り返し体験しながら、目の前で何かが起こっている時、目を向け、耳を傾けようとする子どもに育っていたのではないかと思うのです。しかし、テレビからの体験はそれとは逆で、必要なものはちゃんとクローズアップで与えられ、注意を向けなくても入ってきて、こちらが聞いているかどうかなどはお構いなく流れてゆくわけですから、自分の周りの世界に対して受け身でいても構わないという態度が身についてしまうのです。

学校の授業参観などで見る子どもたちが、身を乗り出すどころか、身体を斜に構えて、身体を引いて背もたれに寄りかかっている様子は、テレビを見ている格好そのままだと言えるでしょう。

いずれにしても、今の子ども番組は、子どもをどのような人間に育てたいのかという人間観や子どもの人格形成への配慮など無いものがほとんどであるということを、親たちが分かっておかなければならないし、その番組を子どもの生活にどう位置づけるのかは、子育てを担う親の責任であるという自覚を新たにしてほしいと願います。

2. あなたは大丈夫?

—乳幼児のメディア接触　その危険可能性—

アメリカ小児科学会（American Academy of Pediatrics）は二〇年近くにわたり、テレビばかりでなく、ビデオ、コンピューターゲーム、インターネット、映画、新聞、雑誌、広告などのメディアが子どもに与える影響を検証し、メディアの悪影響から子どもを守るために両親や小児科医に対しての勧告を発表し続けています。

乳幼児とメディア

乳幼児期は特に、対人関係や言語の発達に重要な時期であり、メディアの影響について年長児と

は異なる視点が必要となります。アメリカ小児科学会は、乳幼児の脳の発育そして情緒的・知的・社会的発達にとって、両親あるいは保育してくれる人とのじかに触れあう関わりあいが非常に重要であると強調し、二歳以下の乳幼児にはテレビを見せないよう勧告しています（一九九九年）。

そして片岡直樹氏（川崎医科大学教授）は、日本小児科学会こどもの生活環境改善委員会報告において、長時間テレビ・ビデオ視聴が関与した「新しいタイプの言葉遅れ」の症例を呈示し、長時間一方向の刺激が言語発達・コミュニケーション能力の発達を阻害する危険があることを訴えています。

ＮＰＯ子どもとメディアの清川輝基氏らは「危険可能性」という考え方で対応策を打ち出すべきと主張しています。乳幼児期という早期からのメディア接触は、脳の発達に悪影響を及ぼす危険性と、その後の長時間メディア接触（メディア漬け）を招くことを認識しておく必要があります。

乳幼児とメディアに関する調査研究

乳幼児を取り巻く環境の大きな変化に調査研究が追いついていない現状の中、子どもたちのメディア漬けとも言える状況はますます進んでいます。ここで私が、ＮＰＯ子どもとメディアのメンバーと一九九九年以降行ってきた一連の調査研究から、乳幼児に関する結果を紹介します。

【乳児期の実態調査から】

乳幼児のメディア接触の影響について二〇〇三年～二〇〇四年に北九州で行った乳幼児健診での

アンケート結果をもとに説明しましょう。

北九州では四ヶ月児・七ヶ月児・一歳六ヶ月児について小児科医で乳幼児健診をしています。そこで小児科医院の協力を得て、アンケート調査をいたしました。その結果、乳幼児にもメディア漬けといえるような状況があることや、そのことが発達に大きな影響があることが明らかになりました。その結果の一部を紹介します。

四ヶ月児において、授乳時にテレビがついている家庭が四五％、時々ついている家庭三九％と合わせると八割以上の親がテレビを見ながら授乳していることになります。
また、子どもが起きている時にテレビがついている時間が三時間を超える家庭が六六％におよび、四ヶ月児にテレビ・ビデオを意識して見せている家庭も三割に上ることが分かりました。
これは乳児が予想される以上に長時間テレビという光刺激と音刺激にさらされている現状と、見せた方がいいとの判断を持って意識的に早期から見せていることが伺われます。また、「のぞき込むと視線をそらす」という気になる症状を示す割合は「はい」が二五％、「時々」が三五％で、かなり多いと思われます。乳児期から授乳時に親子で見つめ合うことが極端に減った結果でなければよいがと懸念しています。

七ヶ月児では授乳中にテレビがついている人は、「はい」三六％「時々」三八％で、七四％がテレビを見ながらの授乳ということになります。

生後七ヶ月の子どもに意識してテレビを見せている率は「はい」一四％、「時々」二四％で、四割近くの七ヶ月児が積極的にテレビを見る状況におかれているということになります。

また、意識してテレビを見せるようにしはじめる時期は三割以上が生後三ヶ月までで、電子メディアとの接触の早期化はきわめて進んでいると言えるでしょう。

さらに子どもが起きている所でテレビがついている時間が三時間を超える家庭が六八％であり、大人がメディアに接している時間も三時間以上が六四％と、親子共々メディア漬けと言える状態が伺われるのです。

また、七ヶ月児でも「視線をそらす」という気になる症状を示す子どもの割合は「はい」一六％、「時々」三七％であり、コミュニケーション障害の危険性を感じます。

一歳六ヶ月児の生活実態を見ると、「指さし行動」については、本来一歳六ヶ月であれば八～九割の子どもがするものですが、「はい」の回答数は六五％で、親子のコミュニケーションが少なくなっていて、言葉の獲得や関わりの基盤が弱くなっていることが伺われます。

「だめ！と言うとやめる」と答えられている子どもは「はい」が約半数で、一割は「あまりしない」か「いいえ」であり、逆に「じっとしていないで動き回る」について「はい」「時々」が五割を越えることと共に気になる結果と言えましょう。

食事中のテレビ・ビデオについては約八割がテレビを見ながらの食事であることが分かりました。

また、テレビを消すと嫌がったり、つけてくれと要求したり（中毒の兆し）は半数以上が「はい」または「時々」の答えで、かなり高い割合と言えます。

有意味語の獲得については、「言わない」が約五％、三～五語が約四割でした。一歳六ヶ月児においては概して言葉数の減退が伺われ、言葉の獲得を促すようなコミュニケーションの不足が危惧されます。

子ども用のテレビ番組やビデオを一時間以上見せている人は五割にのぼり、テレビ・ビデオがついている時間は三時間を超える家庭は七割になります。また、大人が三時間以上メディアに接触している家庭も五割を超え、家庭の中にメディアが占める割合は非常に大きい現実が見えてくるのです。

また、「のぞきこむと視線をそらす」については約五割が視線をそらす傾向にあることになり一歳半においても大変気になる結果です。

次にこれらの実態がメディア接触とどのように関連しているのかを見てゆきましょう。

（1）四ヶ月児におけるメディア接触との関連

「のぞきこむと視線をそらす」について

授乳中にテレビを見ているほど、視線をそらす割合が高くなります（図1）。

また、テレビを意識して見せているほど、視線をそらす割合は高くなることも分かります（図2）。

「テレビ・ビデオがついている時間」と「意識してみせる」の関連を見るとテレビがついている時間が長いほど意識してみせる傾向が高いことが分かり

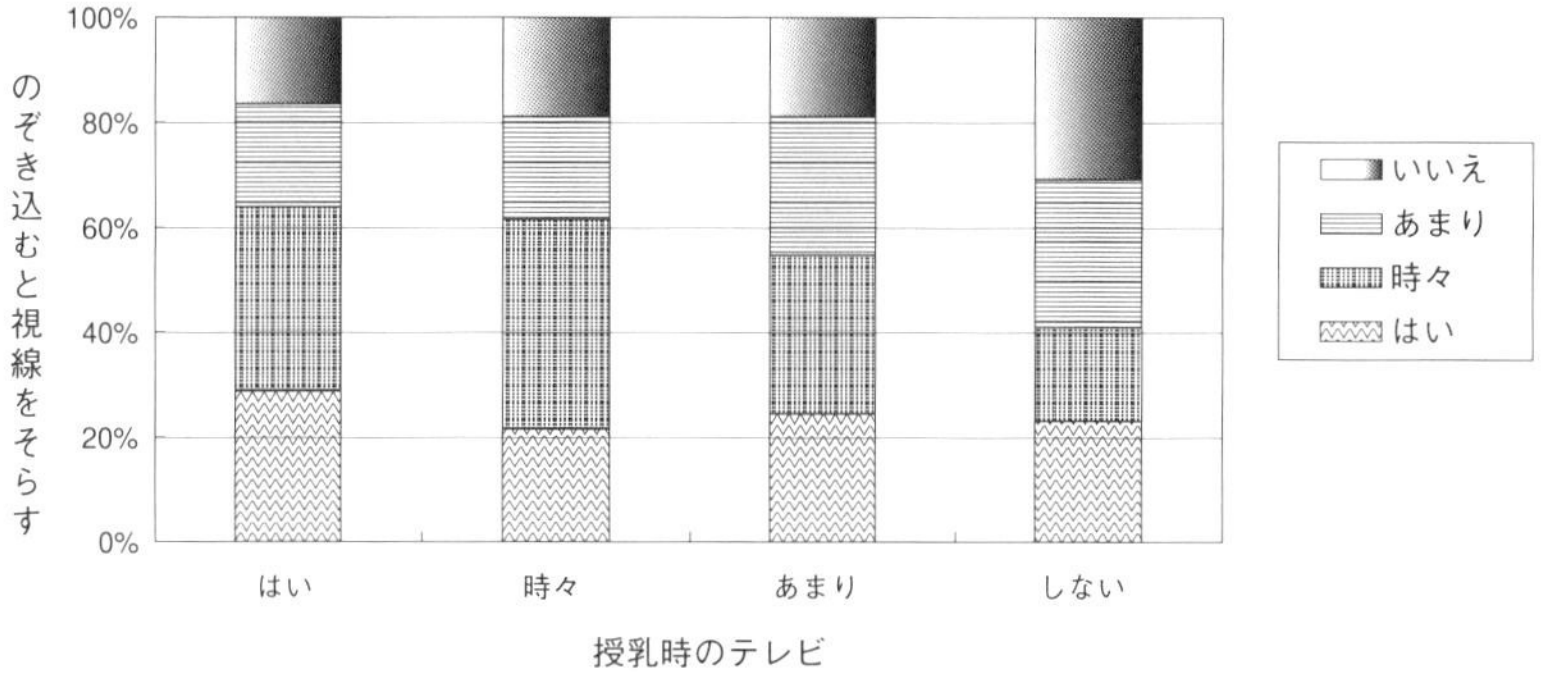

図1　のぞき込むと視線をそらすと授乳時のテレビ

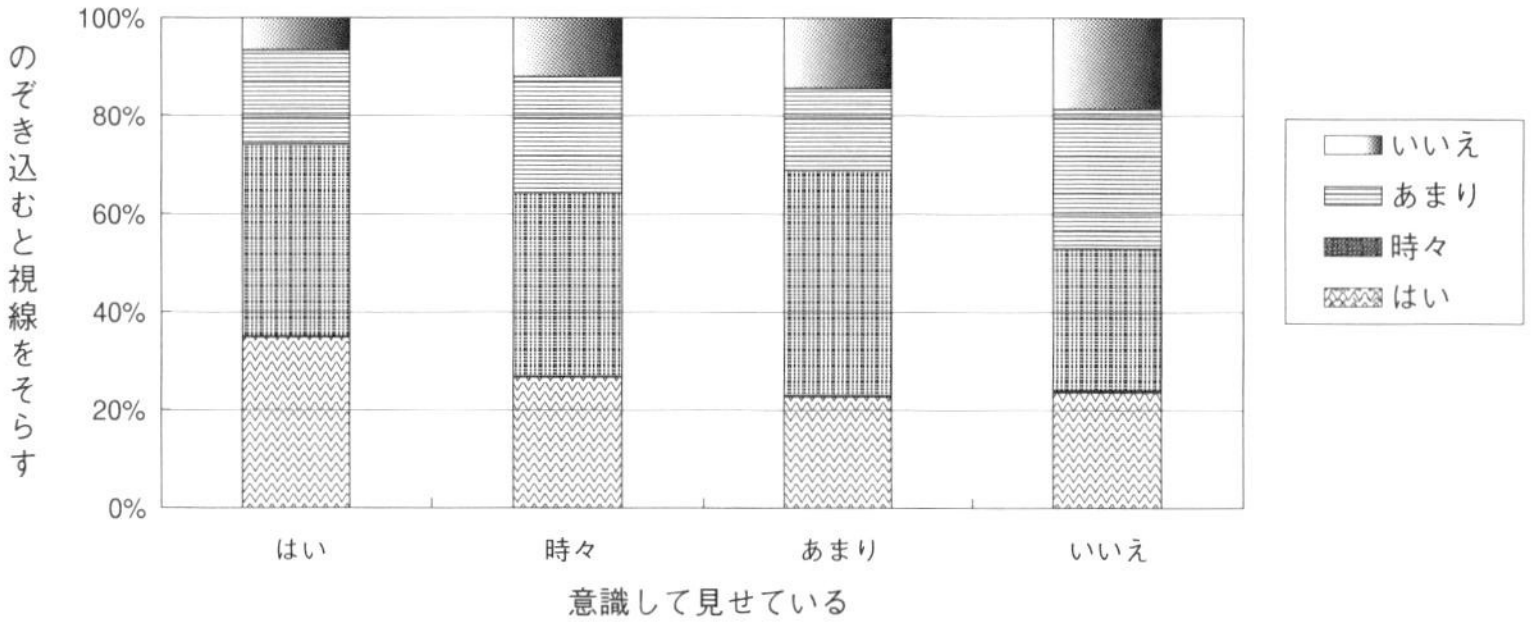

図2　のぞき込むと視線をそらすと意識して見せている

ます（図3）。

（2）七ヶ月児におけるメディア接触との関連

「のぞきこむと視線をそらす」について

授乳中にテレビがついているほどのぞき込むと視線をそらす割合が高いようです（図4）。

テレビ・ビデオを意識して見せているほど、のぞき込むと視線をそらす割合が高いこ

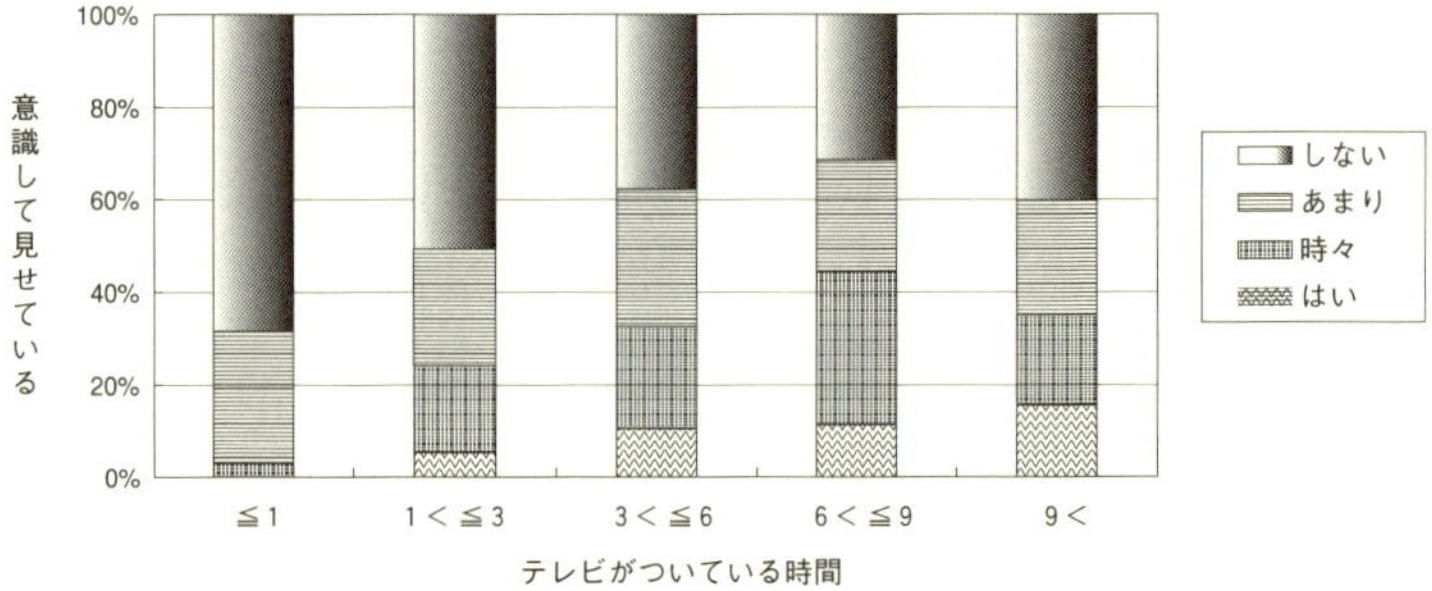

図3　意識して見せているとテレビがついている時間

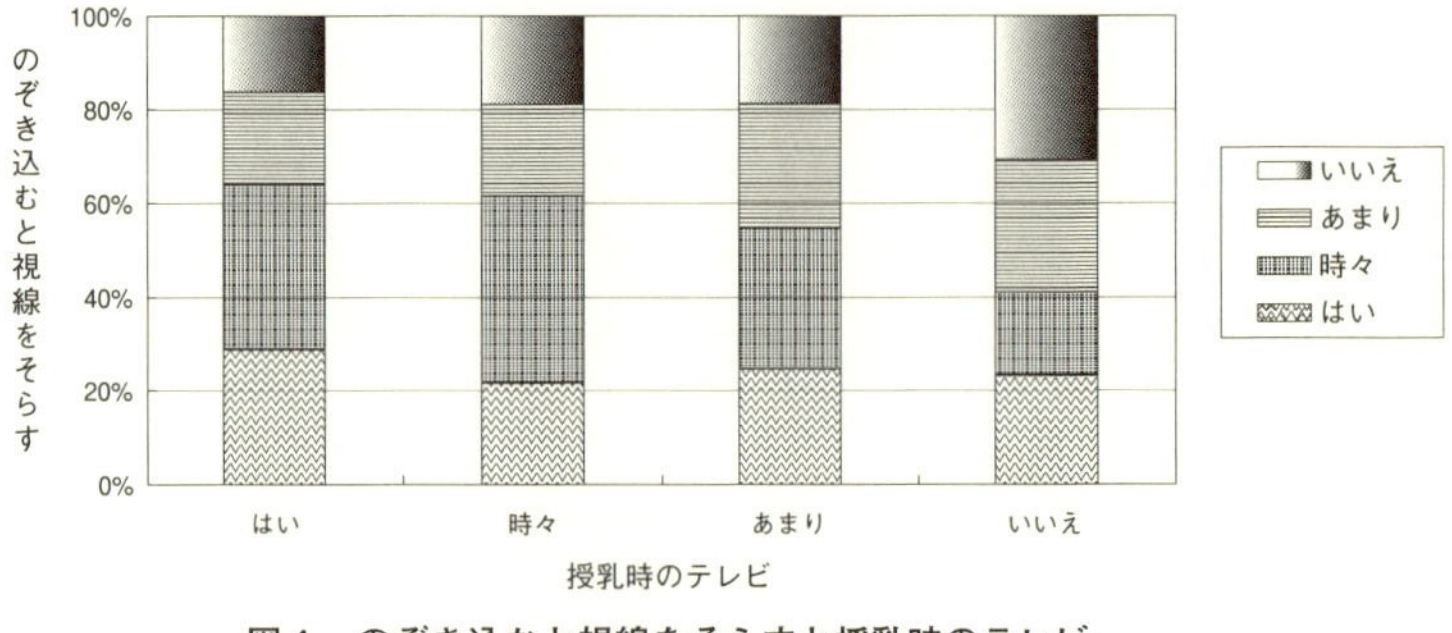

図4　のぞき込むと視線をそらすと授乳時のテレビ

とも分かるでしょう(図5)。

「テレビの方を見る」について

意識して見せているほど、テレビをつけるとその方を向く率も高いようです。テレビは光刺激と音刺激の混合物です。より多い刺激情報を求めて、子どもが「光が点滅して出て」「常に動き」「常に音が出ている」ものを見るようになることが分かるでしょう(図6)。

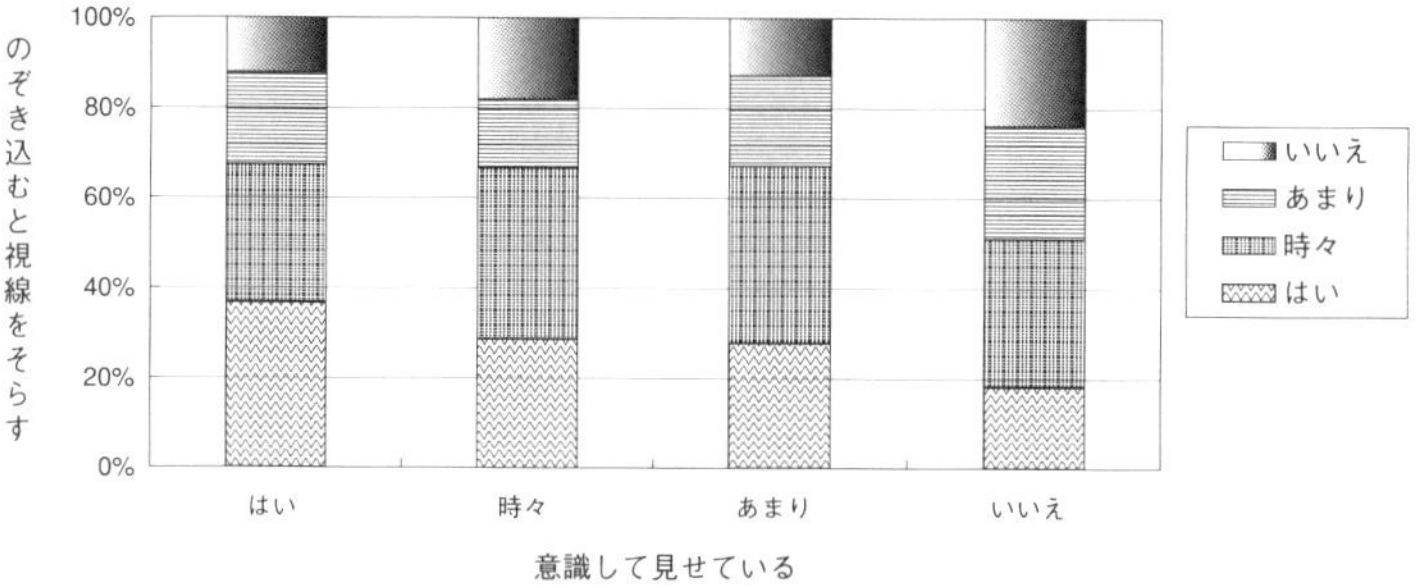

図5　のぞき込むと視線をそらすと意識して見せている

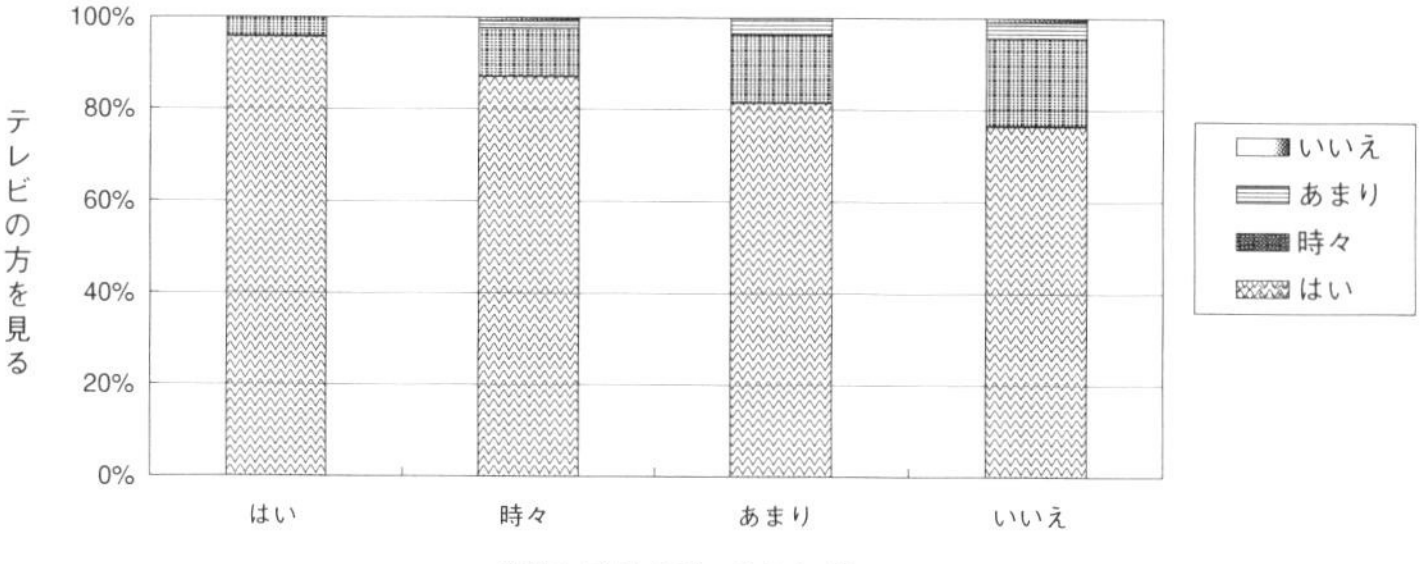

図6　テレビの方を見ると意識して見せている

「人見知り」について

テレビ・ビデオがついている時間が長いほど人見知りをしない子どもが増えることが見られました（図7）。

大人自身が接している時間が長いほど子どもが見ている時間も長いことが分かります（図8）。

「意識して見せている」と「見せはじめの時期」を見ると意識して見せているほど生後

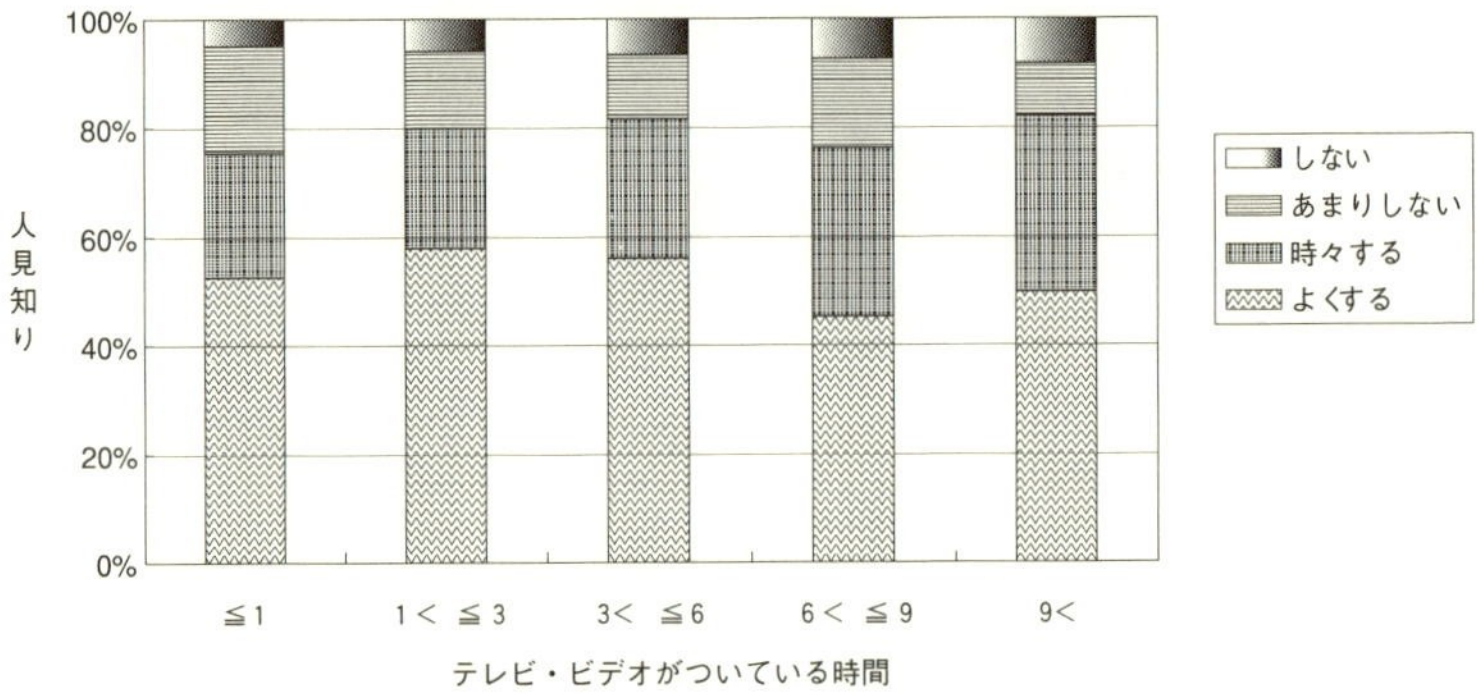

図7　人見知りとテレビ・ビデオがついている時間

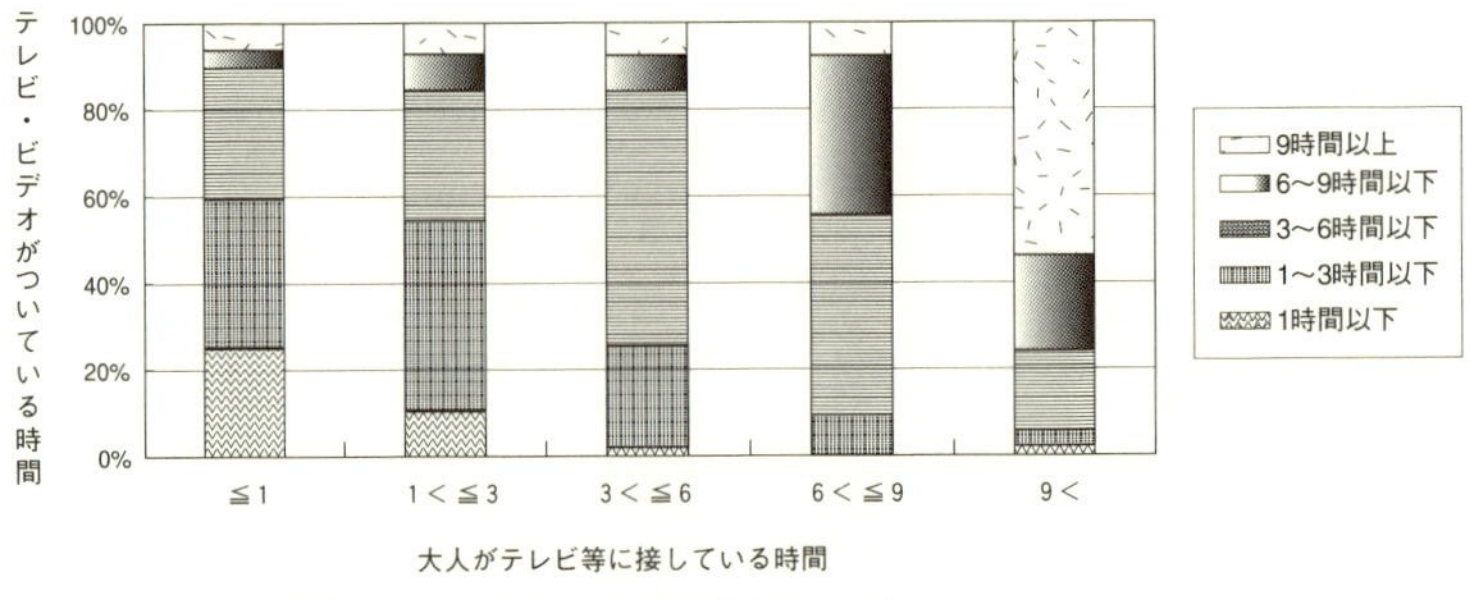

図8　大人がテレビ・ビデオに接している時間とテレビ・ビデオがついている時間

早い時期からテレビを見せている傾向があるようです（図9）。

（3）一歳六ヶ月児におけるメディア接触との関連

テレビ・ビデオがついている時間が長いほど、「だめ！」と言ってもやめない子どもが増えることが伺われます（図10）。

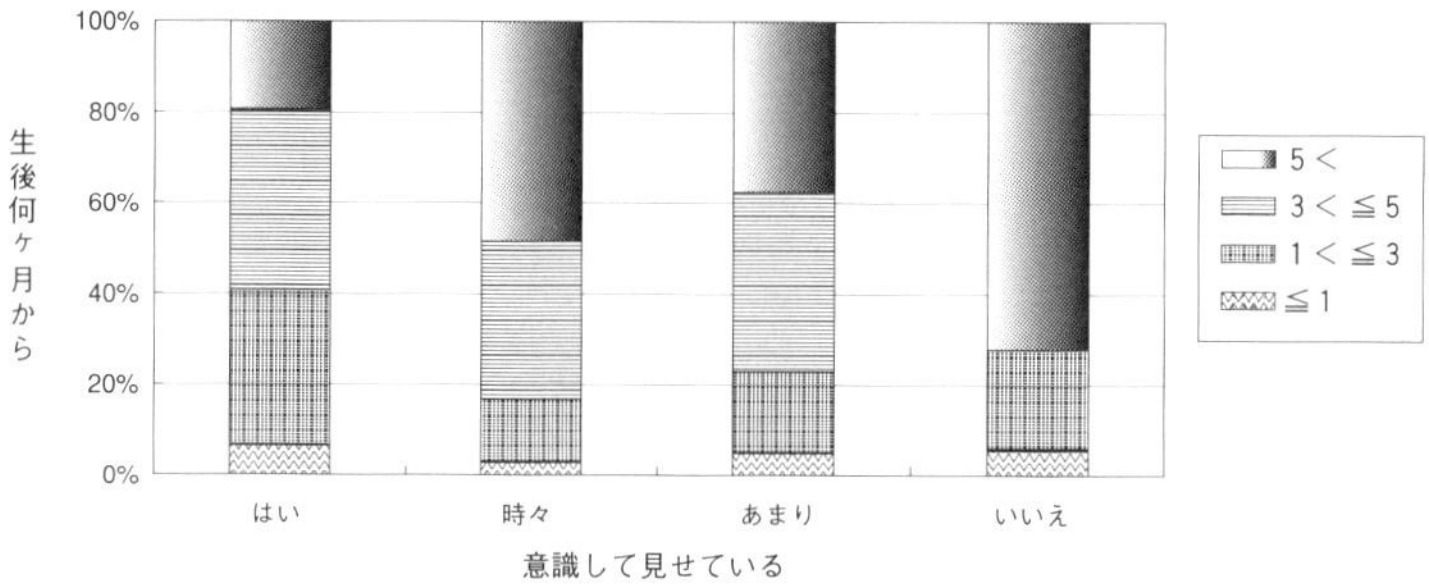

図9　生後何ヶ月からと意識して見せている

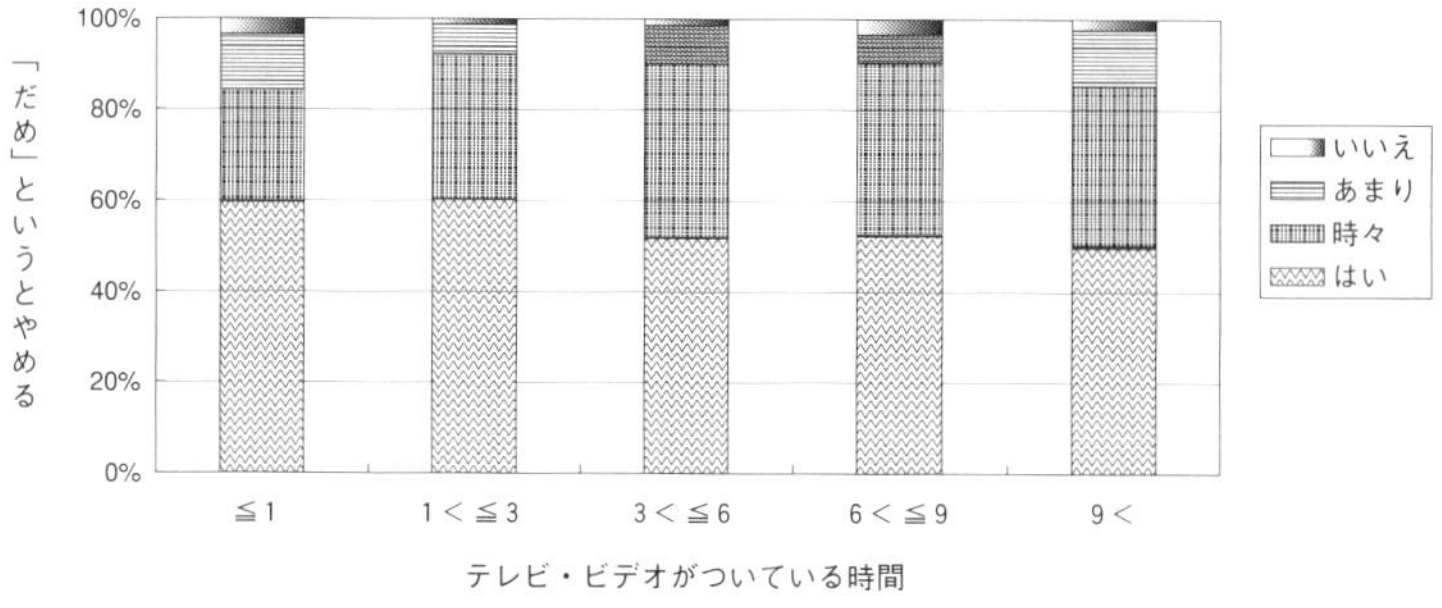

図10　ダメとテレビ・ビデオがついている時間

「のぞきこむと視線をそらす」については食事中のテレビがついているほど、視線をそらす傾向が高く（図11）、子ども用のテレビ・ビデオがついている時間が長いほど、視線をそらす割合が高い傾向が伺われます（図12）。

「目的なく動き回る」傾向について見ると、食事中のテレビがついているほど目的なく動き回る傾向が高いことが分かります（図13）。

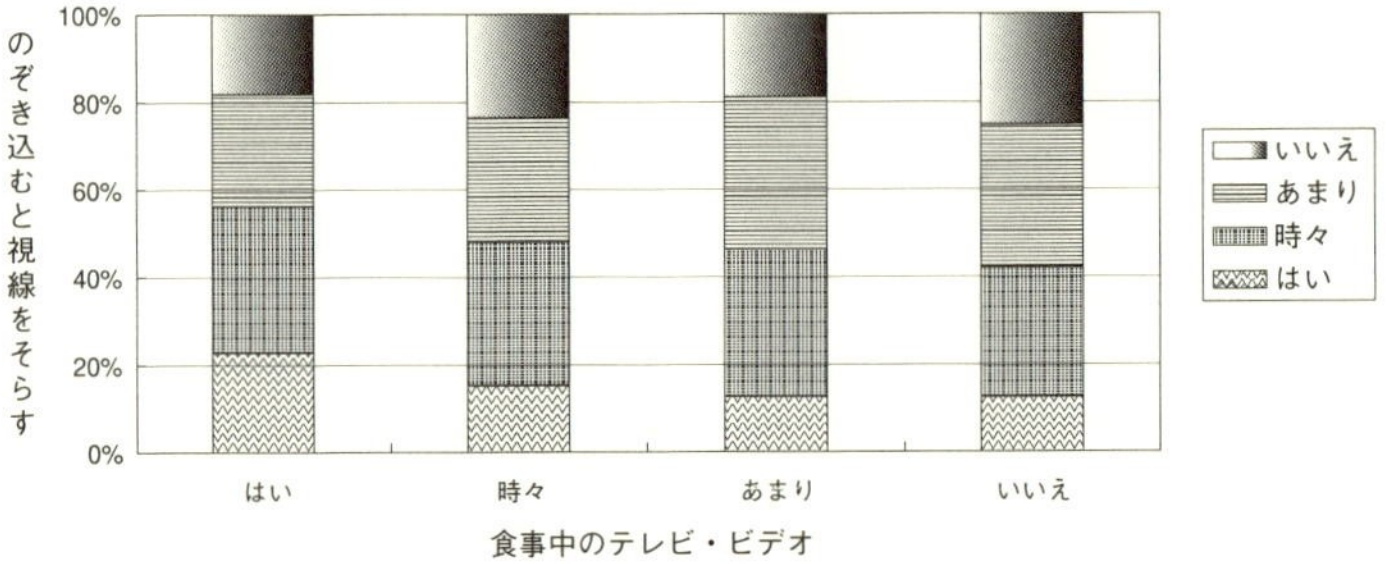

図11　視線をそらすと食事中のテレビ・ビデオ

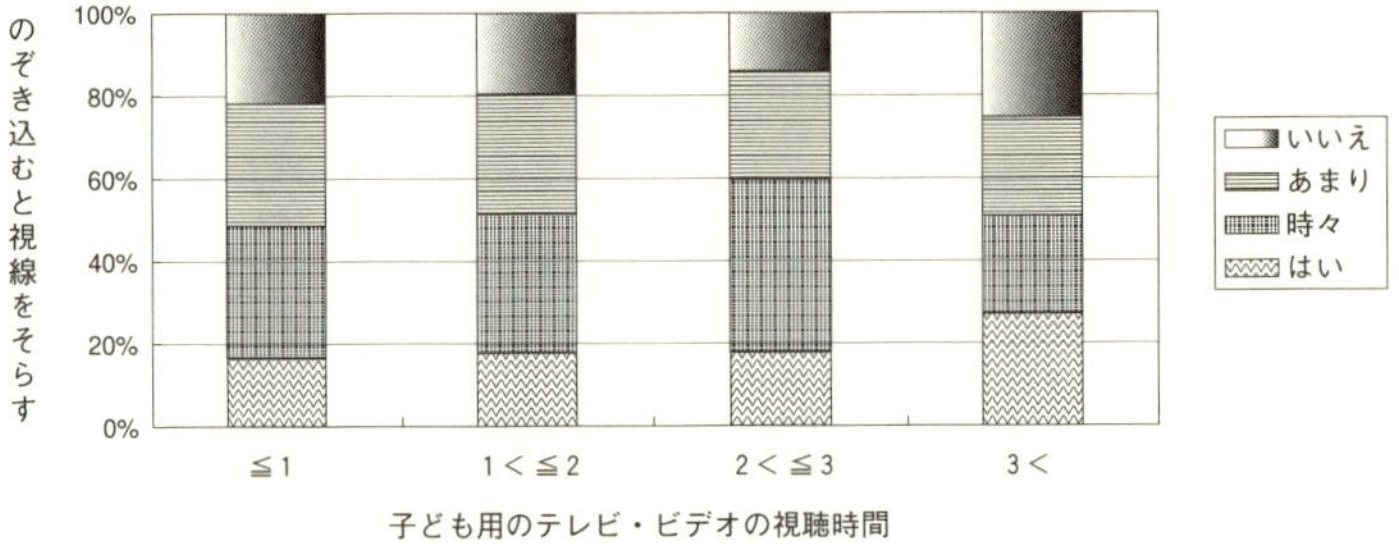

図12　視線をそらすと子ども用テレビ・ビデオの視聴時間

また、子ども用のテレビ視聴が長くなるほど、動き回る傾向が高まり（図14）、テレビ・ビデオがついている時間が長いほど動き回る傾向が高くなる（図15）ことが分かりました。

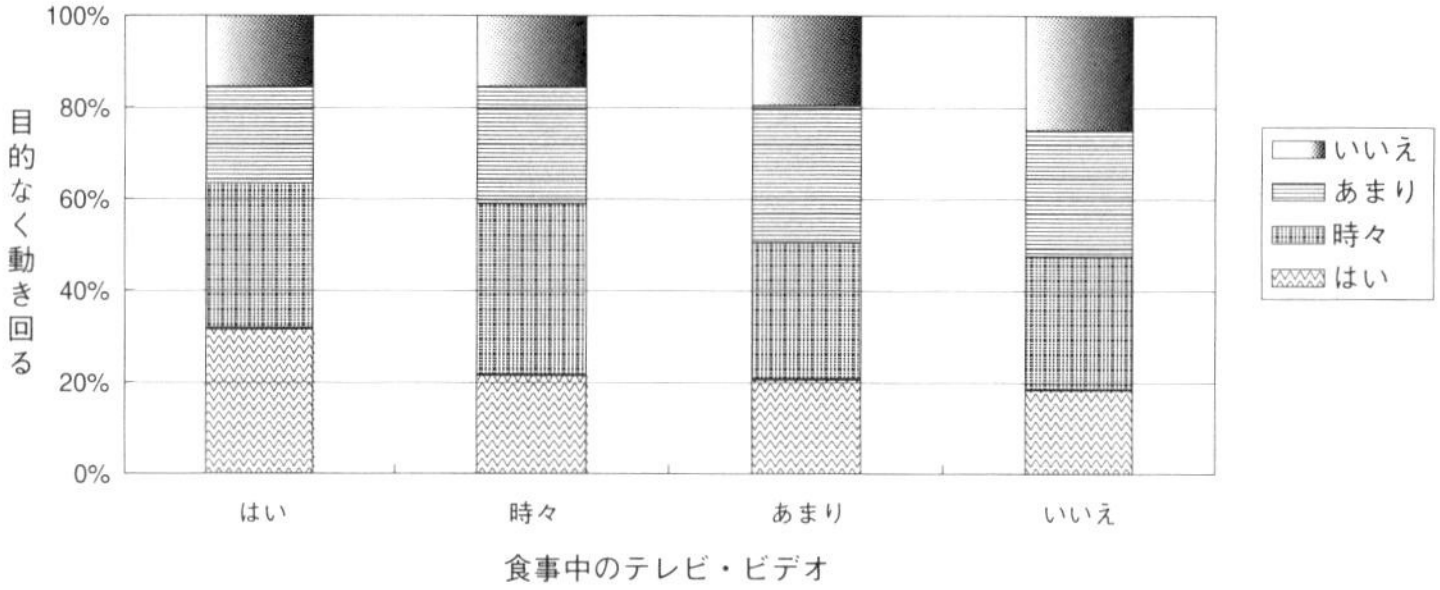

図13　動き回ると食事中のテレビ・ビデオ

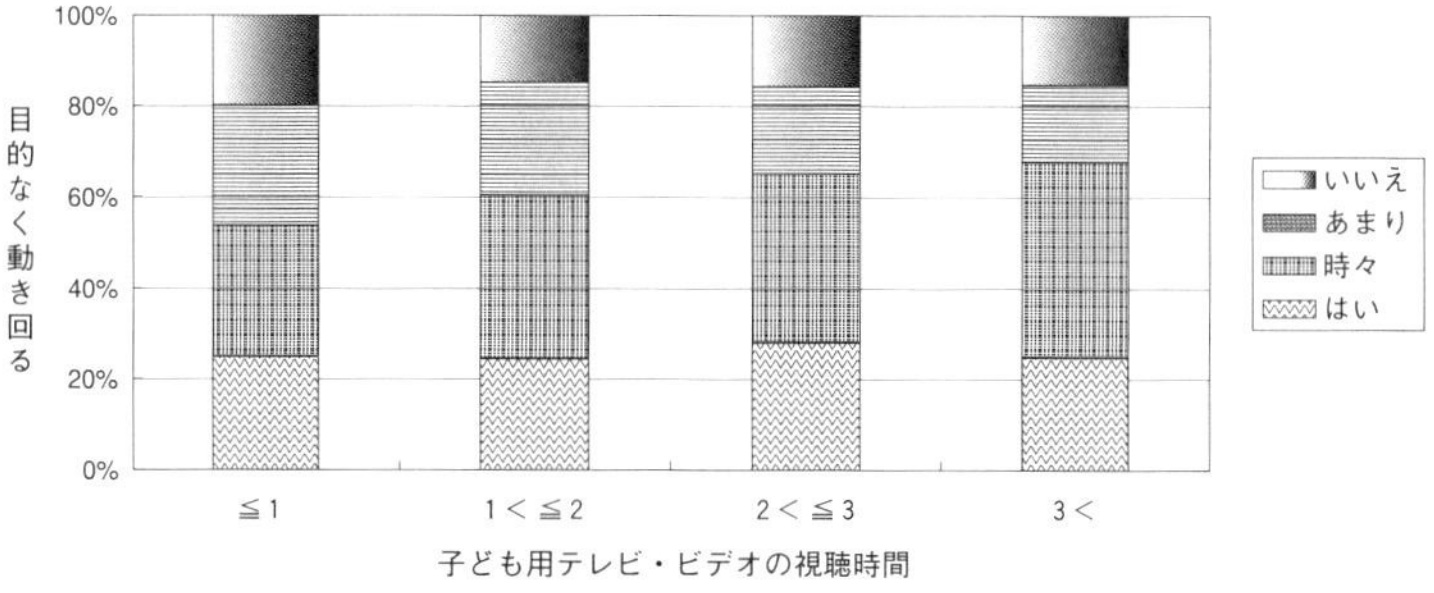

図14　動き回ると子ども用テレビ・ビデオの視聴時間

「消すと嫌がり、つけてくれと要求する」傾向については、食事中にテレビがついているほうが、消すと嫌がり、つけてくれと要求する中毒症状が危惧される様子が見られます(図16)。

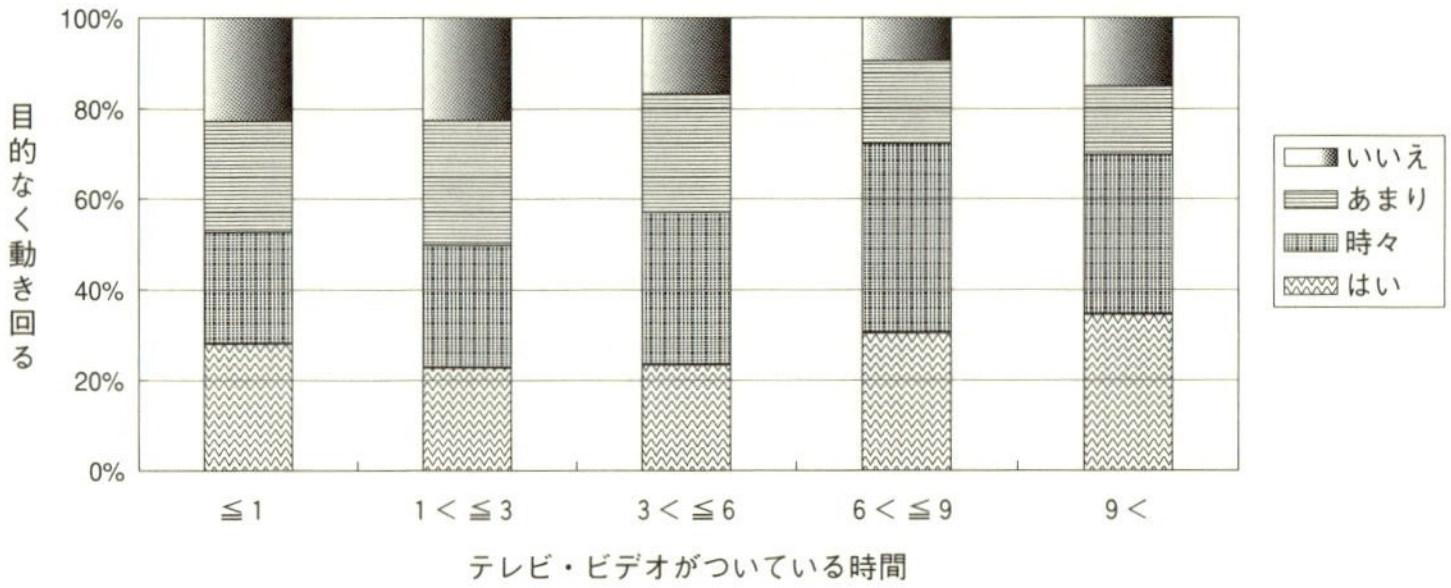

図15　動き回るとテレビ・ビデオがついている時間

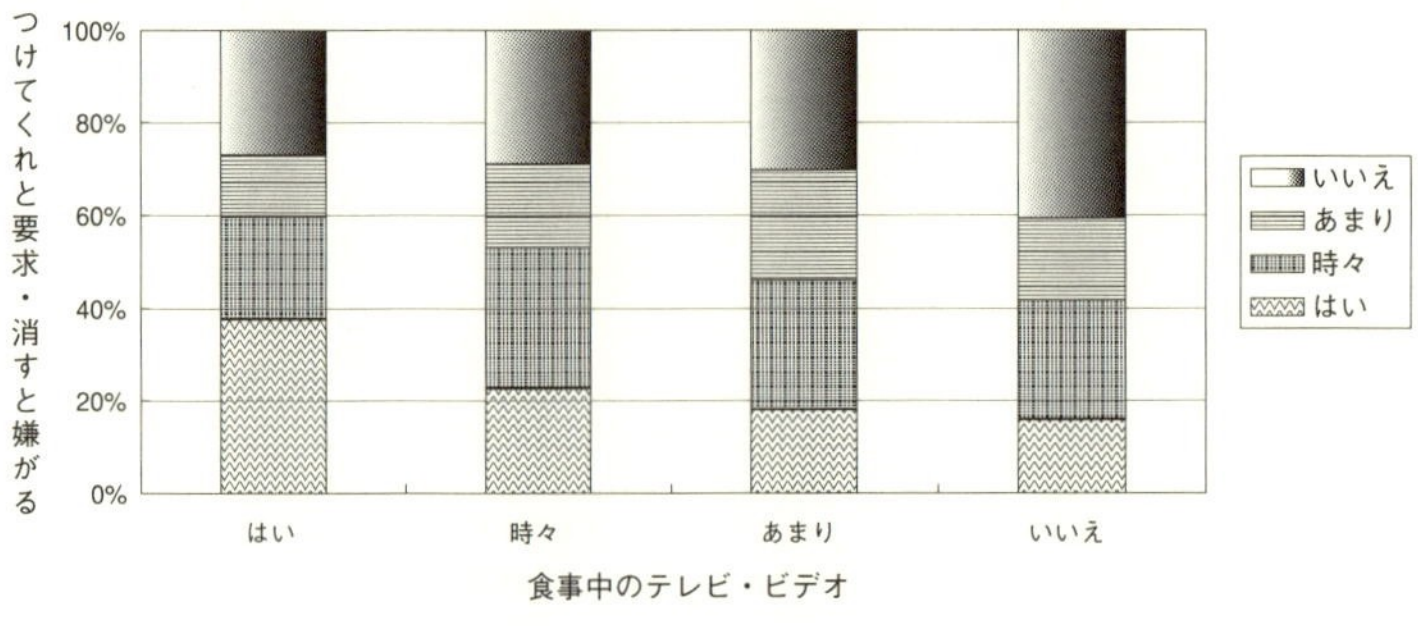

図16　要求・消すと嫌がると食事中のテレビ・ビデオ

また、子ども用のテレビ視聴が長いほど、消すと嫌がりつけてくれとの要求は増加します（図17）。

そして三時間以上見ている子どもの五割に、消すと嫌がりつけてくれと要求するという中毒症状が見られると言えます。

テレビ・ビデオがついている時間が長いほどその傾向が高くなることも伺われました（図18）。

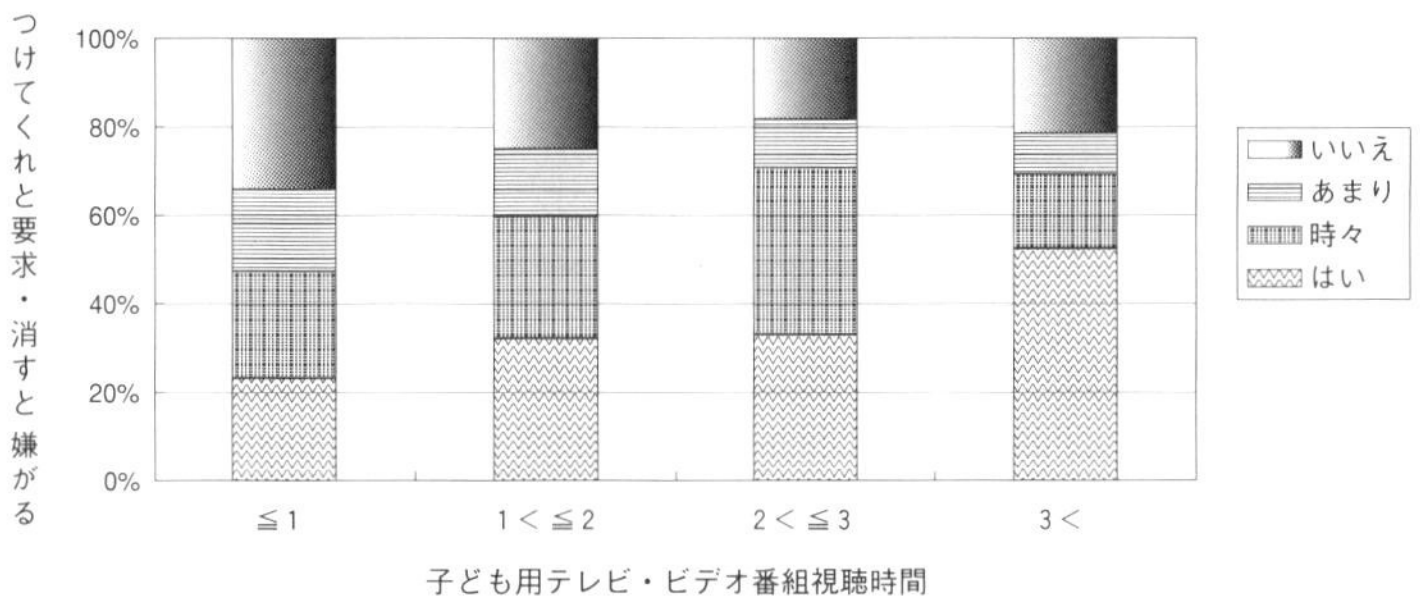

図17　要求・消すと嫌がると子ども用テレビ・ビデオの視聴時間

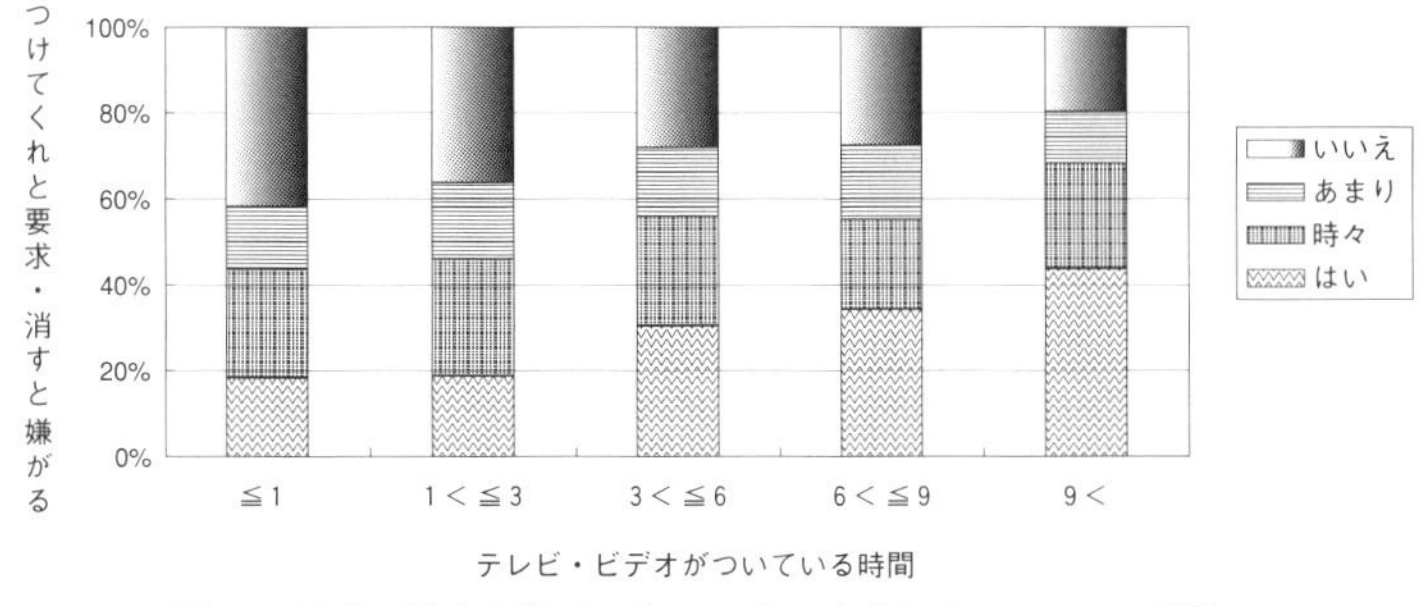

図18　要求・消すと嫌がるとテレビ・ビデオがついている時間

「言葉の数」について見てみますと食事中のテレビがついているほど言葉数は少ない傾向にあります（図19）。子ども用のテレビ・ビデオの視聴時間が一時間未満では十語以上が六二・一％であるのに、二時間を超える場合には十語以上は五一・九％になり、三時間を超えると言葉が出ない子は四・六％、〇～五語までの子どもは五五・四％に上ることが読みとれます（図20）。

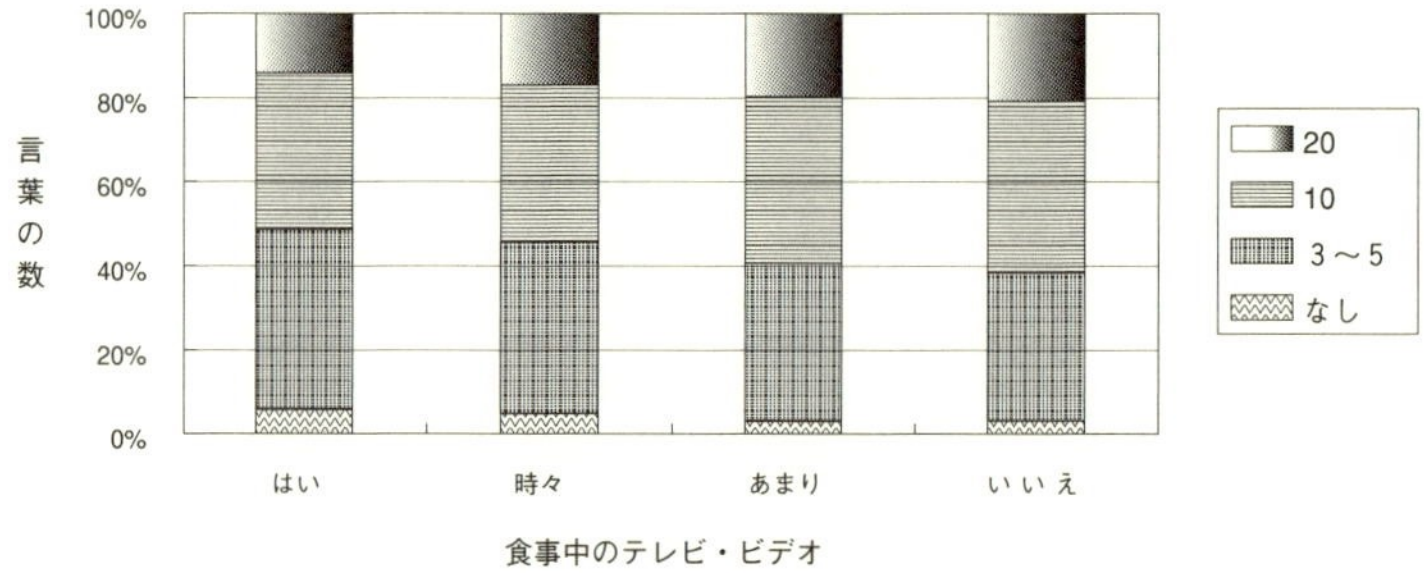

図19　言葉の数と食事中のテレビ・ビデオ

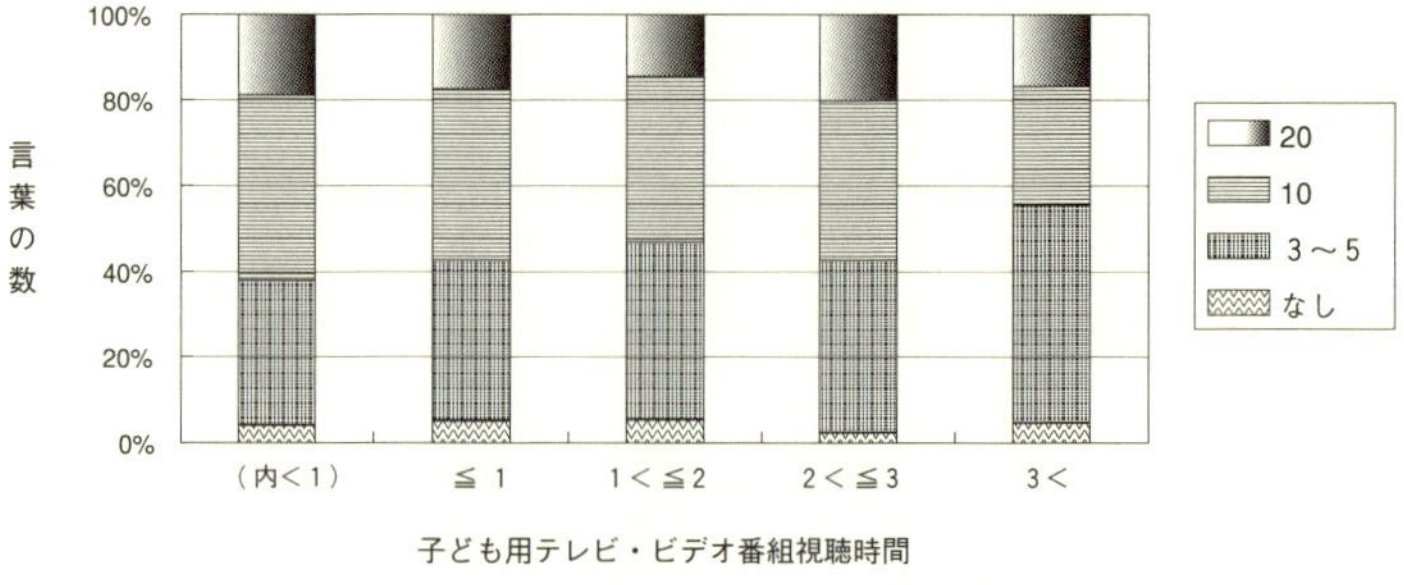

図20　言葉の数と子ども用テレビ・ビデオの視聴時間

また、テレビ・ビデオがついている時間が長いほど言葉数が少ない傾向にありました（図21）。これらはテレビやビデオの長時間視聴が言葉の発達に与える影響の危険可能性として考慮されるべきでしょう。

「大人がメディアに接している時間」が長いほど子どもの視聴時間（図22）やテレビがついている時間も長いことは明らかです（図23）。

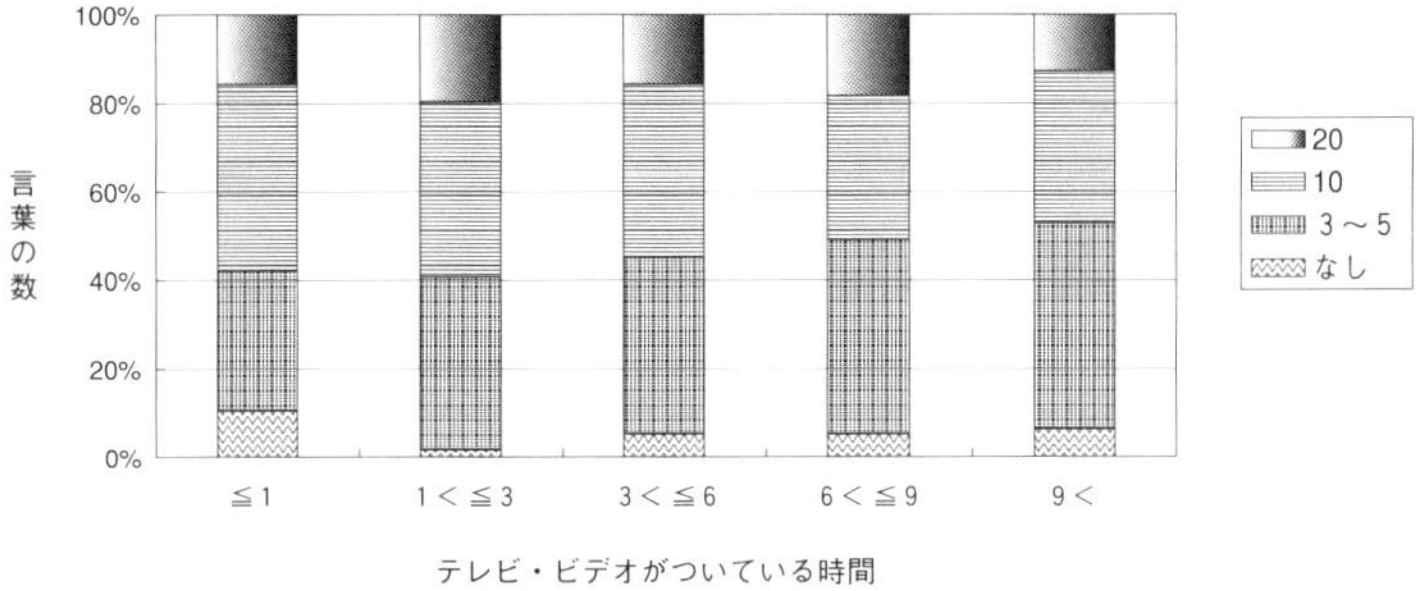

図21　言葉の数とテレビ・ビデオがついている時間

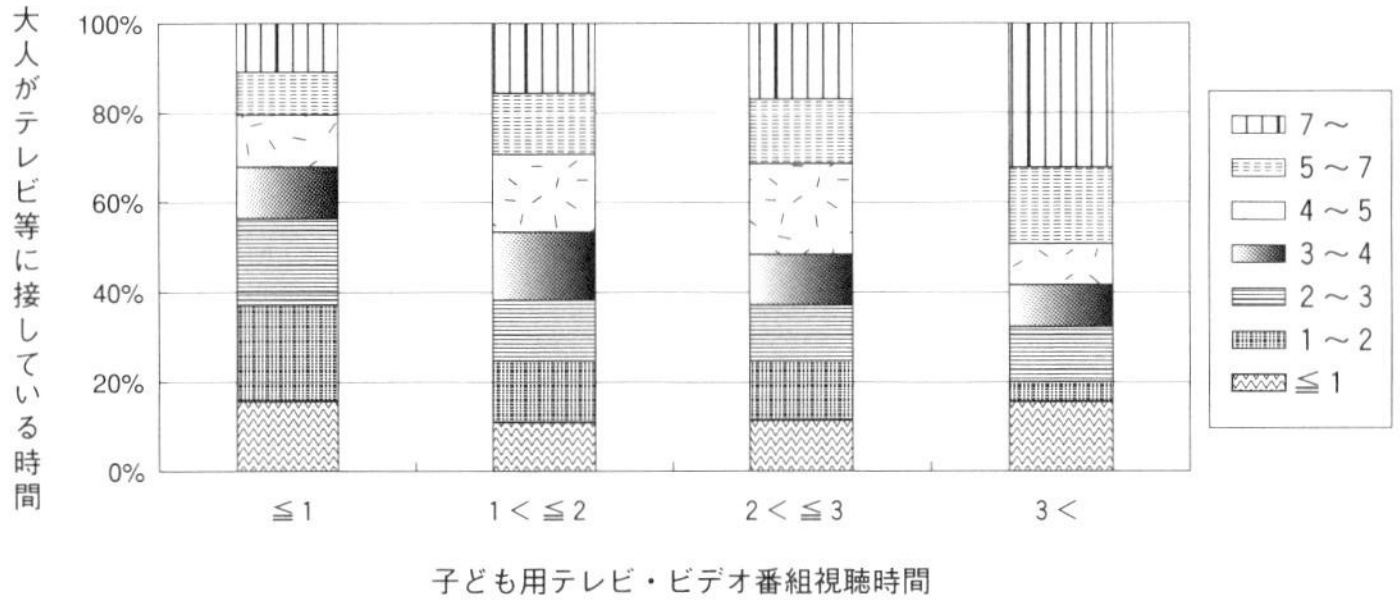

図22　大人がテレビ等に接している時間と子ども用テレビ・ビデオの視聴時間

大人の接触時間が二時間以下の場合には、子ども用のテレビ・ビデオの視聴時間が、一時間以下の子ども三七・八%に対して三時間を超える子どもは二〇・六%ですが、大人が五時間以上の場合は一時間以下の子どもが一九・四%に対して三時間を超える子どもが五一・七%に上ります。親子で一緒に見ていると考えられ、親のメディア漬けの生活時間に子どもが巻き込まれている様子が伺われます。

「テレビ・ビデオがついている時間」と「保育所（園）等」

在宅児の三一・九%が一日六時間を超える時間をついているテレビのそばですごしています（図24）。

以上の結果をまとめてみましょう。

四ヶ月児については、視線をそらすことにおいてメディア接触状況との関連が見られました。①授乳中にテレビを見ているほど、視線をそらす割合が高くなることと②テレビを意識して見せているほど、視線をそらす割合は高くなることで

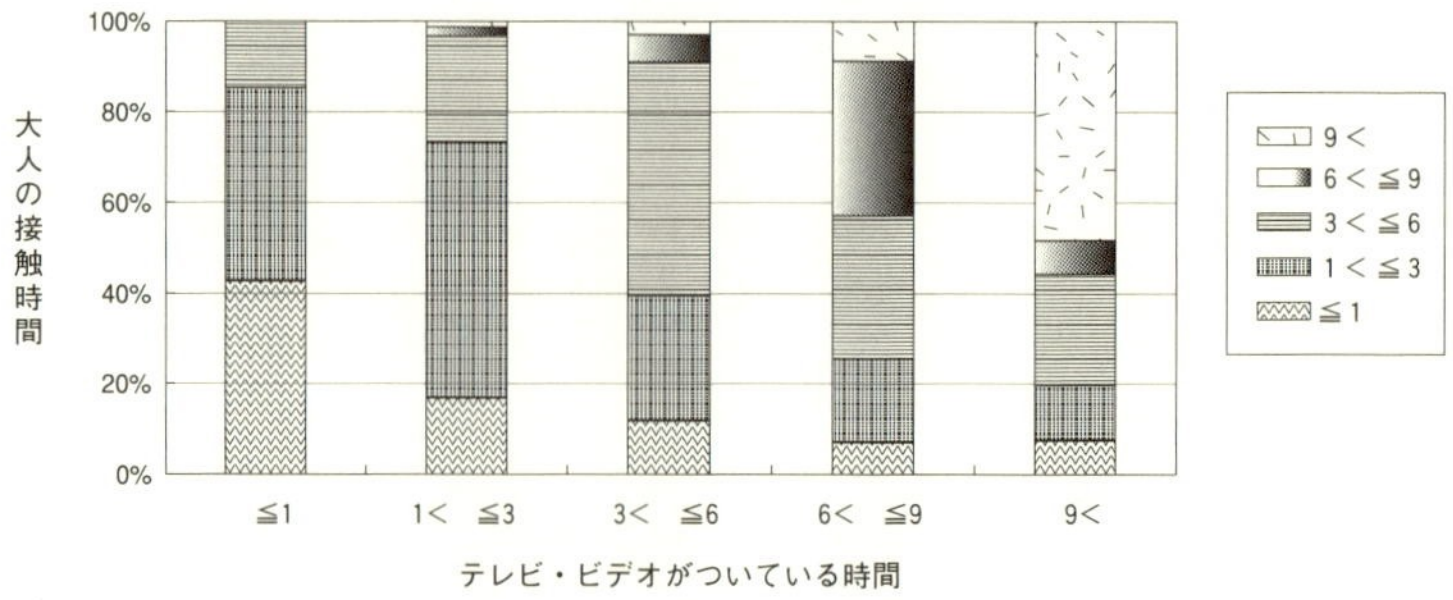

図23　大人の接触時間とテレビ・ビデオがついている時間

す。

また、③動くものを目で追うことに関してはテレビ・ビデオがついている時間が長いほど目で追う率が有意に高くなり、乳児期において、多大な情報（刺激）源であるテレビ・ビデオがついている状況が子どもの目を奪うことになっていることが伺われました。

七ヶ月児においては①テレビ・ビデオがついている時間が長いほど人見知りをしない子どもが増えることが見られました。人への愛着が形成されてはじめてあらわれる人見知りという行動の意味と共に考えなければならないことでしょう。

また、②子ども用のテレビを意識して見せているほど、また③食事中にテレビがついているほどのぞき込むと視線をそらす割合が有意に高くなることから、これらのメディア接触状況が対人的なコミュニケーションのベースとなる視線が合うということを妨げる影響があることが伺われます。④意識して見せているほど、テレビの方を見る傾向が高いことは、四ヶ月児と同様テレビという刺激に反応する度合いが、見せ

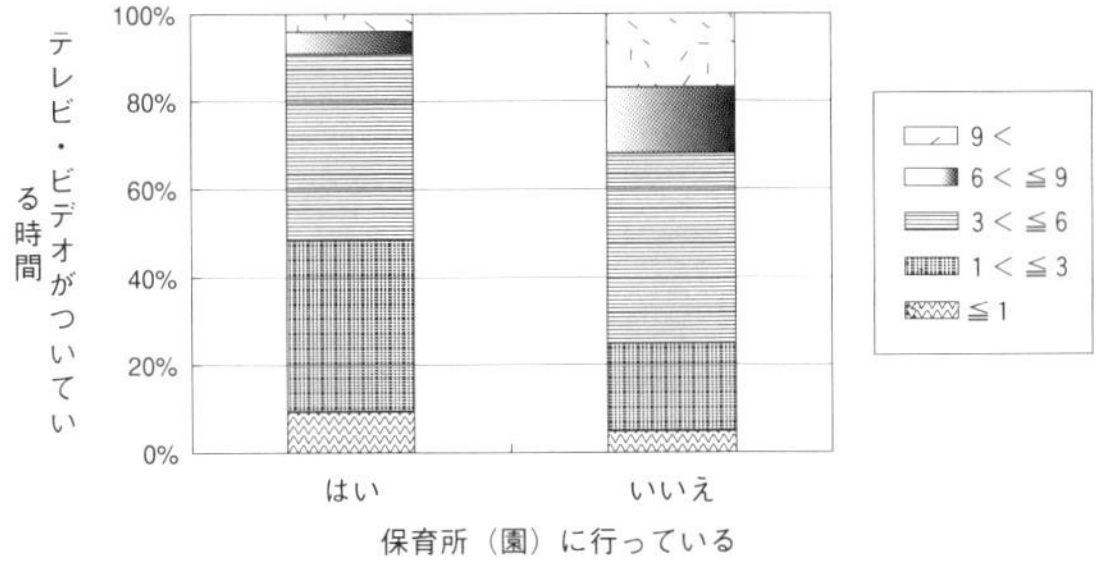

図24　保育所（園）に行っているとテレビ・ビデオがついている時間

られるほど高まると言えるかもしれません。

また、⑤大人のテレビ・ビデオ等との接触時間が長いほど、子どもにも意識して見せており、⑥食事中もついているということが見られました。


一歳六ヶ月児においては①テレビ・ビデオがついている時間が長いほど、「だめ！」と言ってもやめない子どもが増えるようです。

視線をそらすことについては、②子ども用のテレビを見せている時間、③テレビがついている時間が長いほど、④食事中にテレビ・ビデオがついているほど、視線をそらす率が高くなる傾向が見られました。これはコミュニケーション障害を疑わせる指標とも言えるので、注意を要する結果と思われます。
⑤子ども用のテレビを見せている時間が長いほど、⑥テレビがついている時間が長いほど、⑦食事中のテレビ・ビデオがついているほど、目的なく動き回る傾向が高くなることが伺われました。注意欠陥・多動とも思われる行動傾向がメディア接触状況の影響もあるかもしれないと懸念される結果であり、接触を断ってみることの提案とその後の変化に注目するべきでしょう。
テレビを消すと嫌がり、つけてくれと要求することは、いわばメディア中毒への傾向と考えられますが、⑧食事中にテレビ・ビデオがついているほど、⑨子ども用のテレビを見せている時間が長いほどその傾向は高くなっています。食事中のテレビはすぐにでもやめてほしいものです。

言葉の数について言えば、まずこれまでの教科書的な語彙数に比べて数が少なくなっているというのが実感でした。さらに、⑩子ども用のテレビを見ている時間が長いほど、⑪テレビがついている時間が長いほど、⑫食事中にテレビがついているほど語彙が少ない傾向が見られました。メディア漬けの状況の中で言葉によるコミュニケーションは激減し、結果として言葉の獲得に影響を及ぼしていると考えられます。

また、⑬在宅児の方が保育園などに通っている幼児に比べて視聴時間が長い子どもが多く、一歳六ヶ月の子どもの七五％が在宅であることを見ると、かなり多くの子どもたちが家庭でメディア漬けであり、家にいれば家族との交流があると考えるのは正しくないのかもしれないことが示唆されました。

今や子どもたちはメディア中毒とも言える状況の中で育っています。その環境を用意してしまった大人たちが、その環境の是非を問うことなく、結果として出てきた子どもの問題行動や事件を非難するのは、本末転倒です。テレビのデジタル化やケータイ、インターネット、メディア教育の導入はもっと慎重に子どもの発達を見据えて行われなければ、さらに大きな被害が子どもたちに降りかかってくることになるのではないかと恐れを抱かざるを得ません。

【幼児期の実態調査から】

幼児期については、岐阜（保育園児九九七人）や福岡（保育園児二四八人）・佐賀（幼稚園児一五二人）において実態調査を行い、さらにメディア接触と子どもの状態との関連を検討しました。その一部を紹介します。

朝、登園前からテレビを見ている率は四二％におよび、休日になると朝八～九時の視聴は五六％に上ります。テレビがついている時間は平日で三時間以上が六六％、七時間以上も一五・四％います。また、保護者自身がテレビ好きと答える割合は六五％でした。

平日のテレビ視聴時間と家庭での様子の関連を見ると、テレビ視聴時間が長いほど（数字は一時間未満→三時間以上で例示しているのでグラフとはズレるものがある）起きる時間が遅くなる傾向があり（七時半以降に起きる率＝二八・六％→四二・一％）、自分で起きる（自律起床）が少なくなります（五〇・〇％→二一・一％）（図25）。

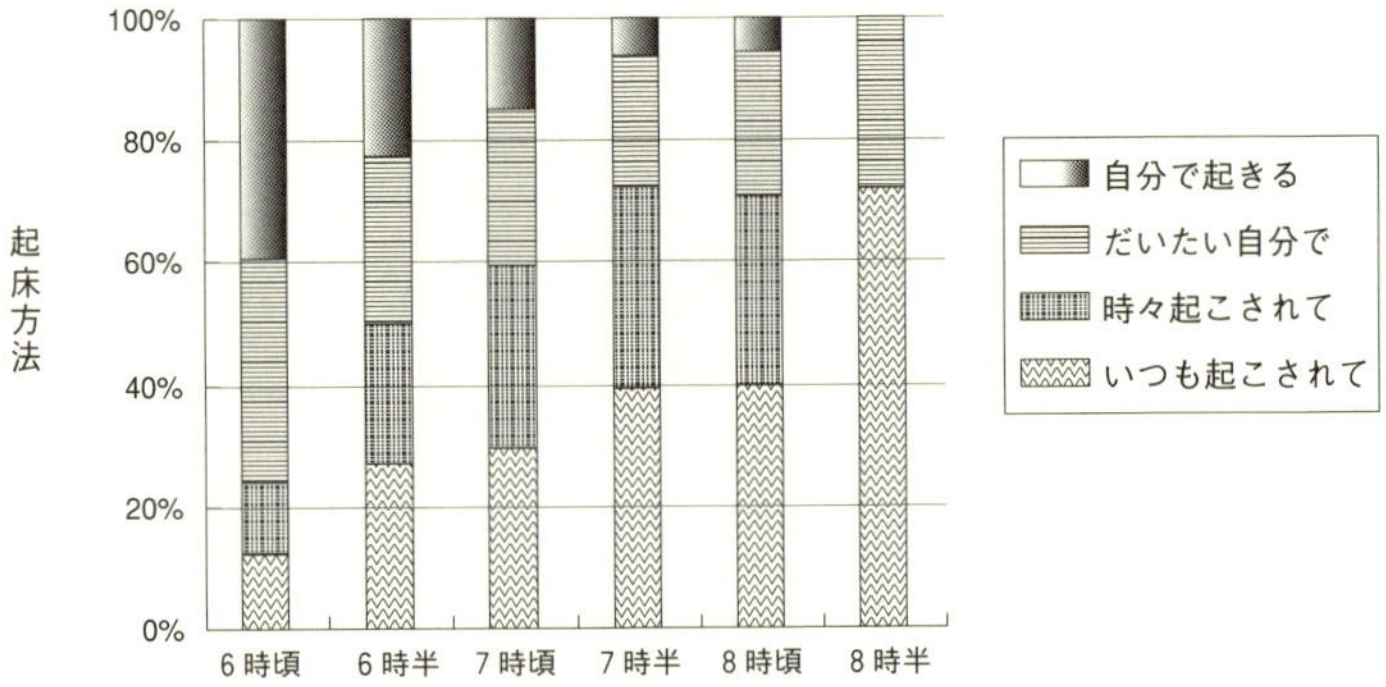

図25　起床時間と起床方法の関連

寝つきや寝起きは視聴時間が長いほど「はい」が減る傾向にあります（寝つき良い五七・一％→三九・五％（図26）。寝起き良い五〇・〇％→二一・一％）（図27）。

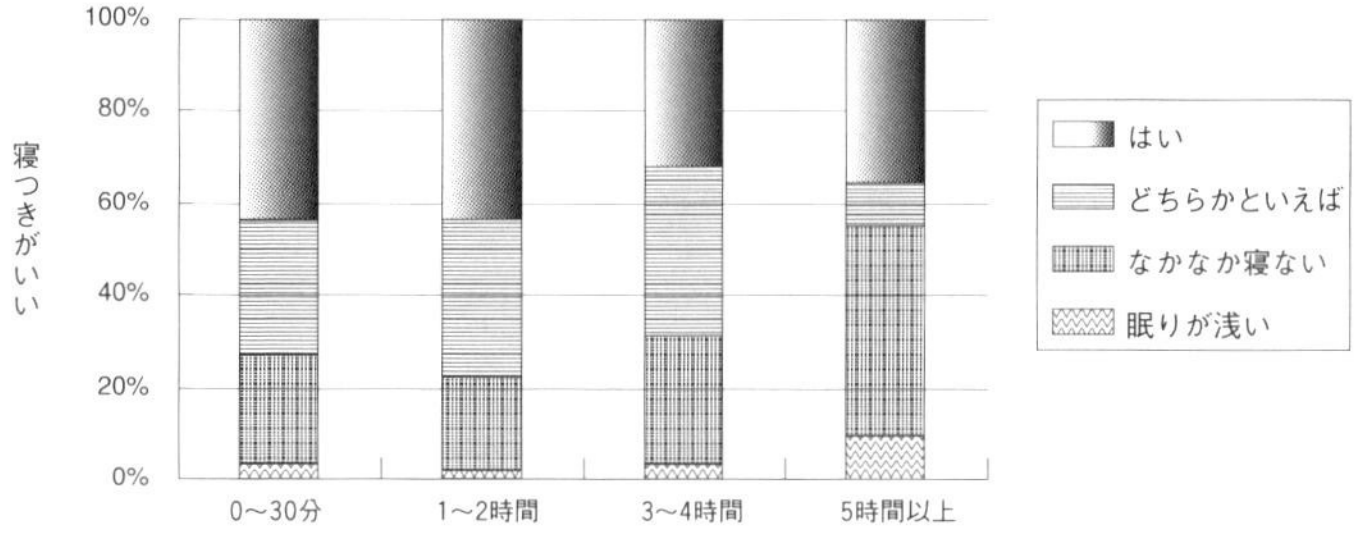

図26　寝付きがいいと平日テレビ視聴時間の関連

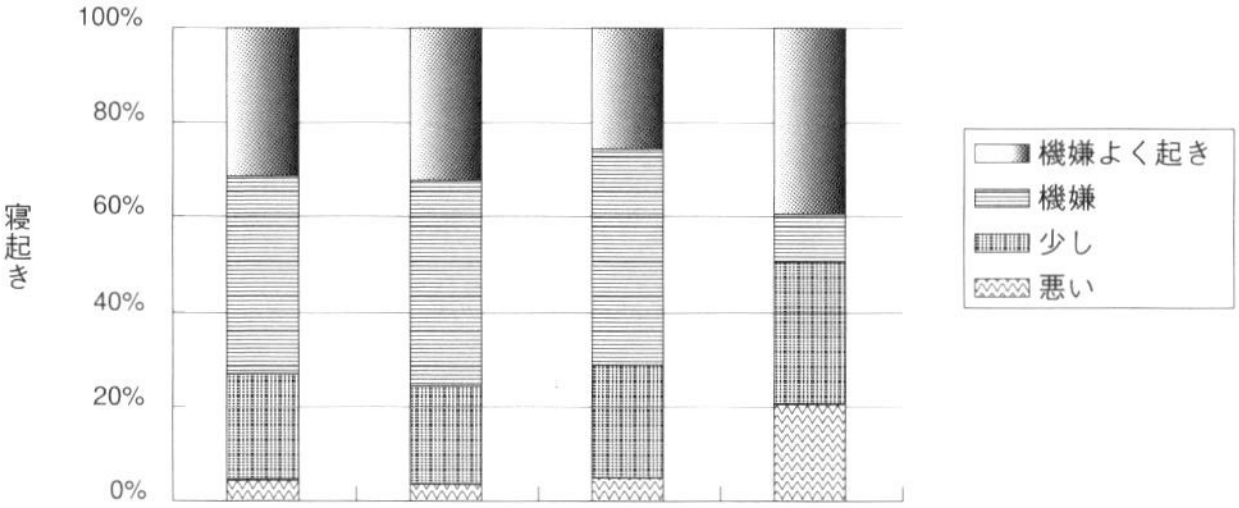

図27　寝起きと平日テレビの視聴時間の関連

また、家でよく話す率が減ります（七一・四％→四四・七％）（図28）。

園での様子（各項目に「はい」「どちらかといえばはい」「どちらかといえばいいえ」「いいえ」で答える）との関連では、視聴時間が長いほど積極性は「はい」が減り（三三・三％→二三・二％）。「いいえ」が増えます（九・五％→一八・三％）（図29）。

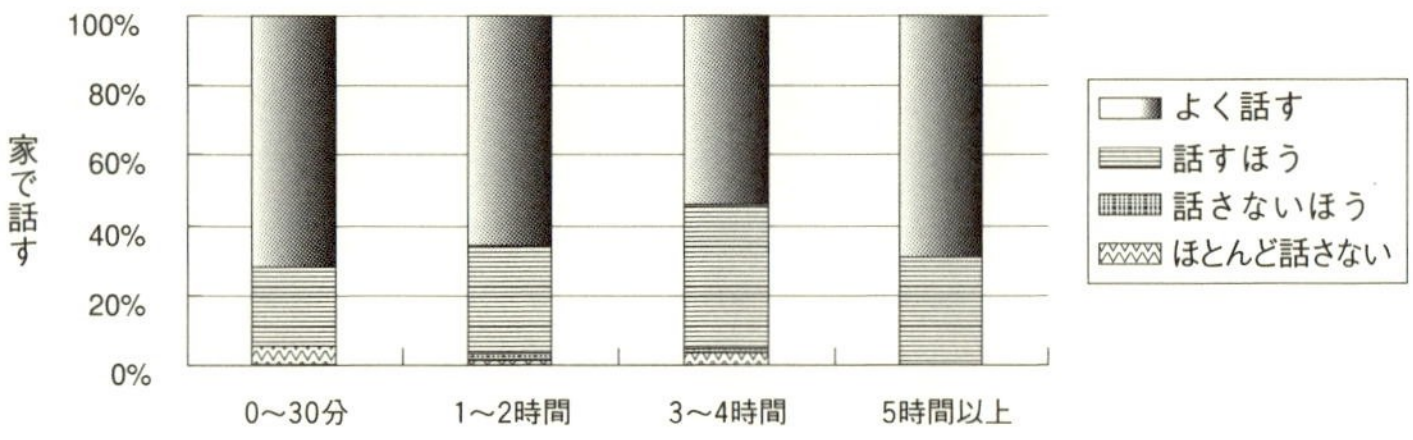

図28　家で話すと平日テレビ視聴時間の関連

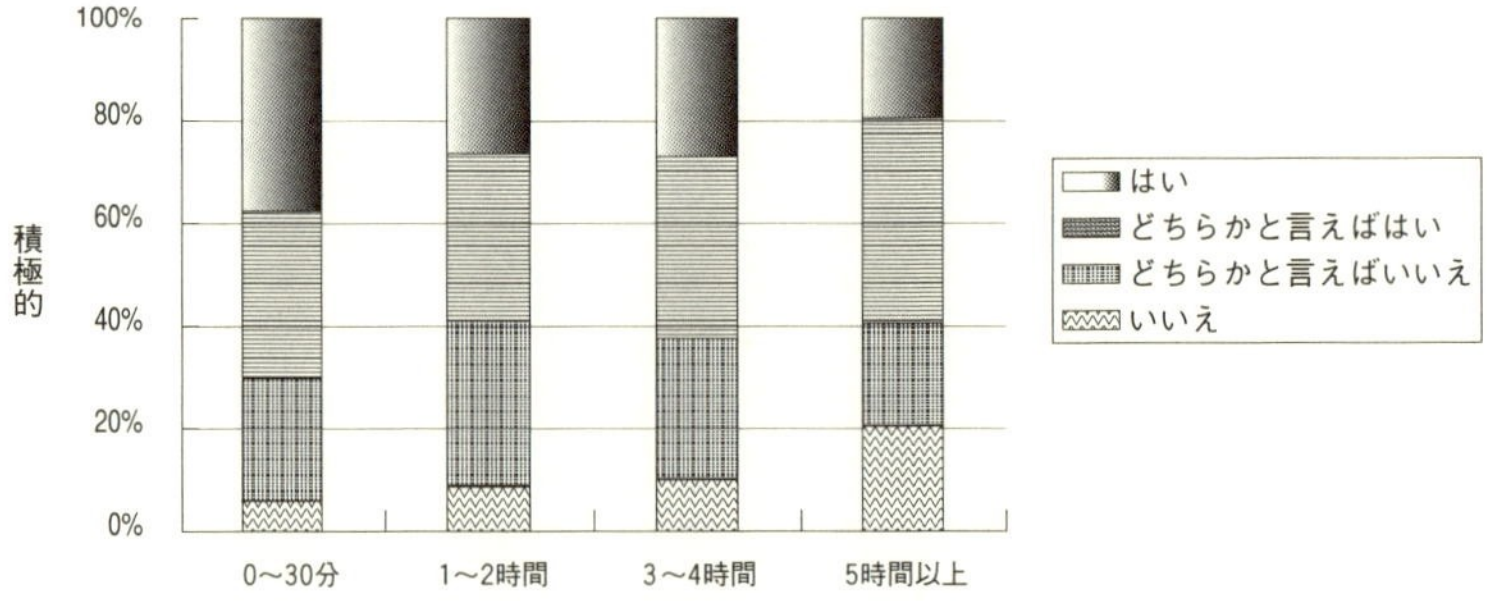

図29　積極的と平日テレビ視聴時間の関連

折り合いや譲ることについては「はい」が減ります（三三・三％→二〇・七％）（図30）。

けんかやトラブルは「はい」＋「どちらかと言えばはい」が増え（三三・三％→四三・九％）、「どちらかと言えばいいえ」が減ります（五二・四％→三四・一％）（図31）。

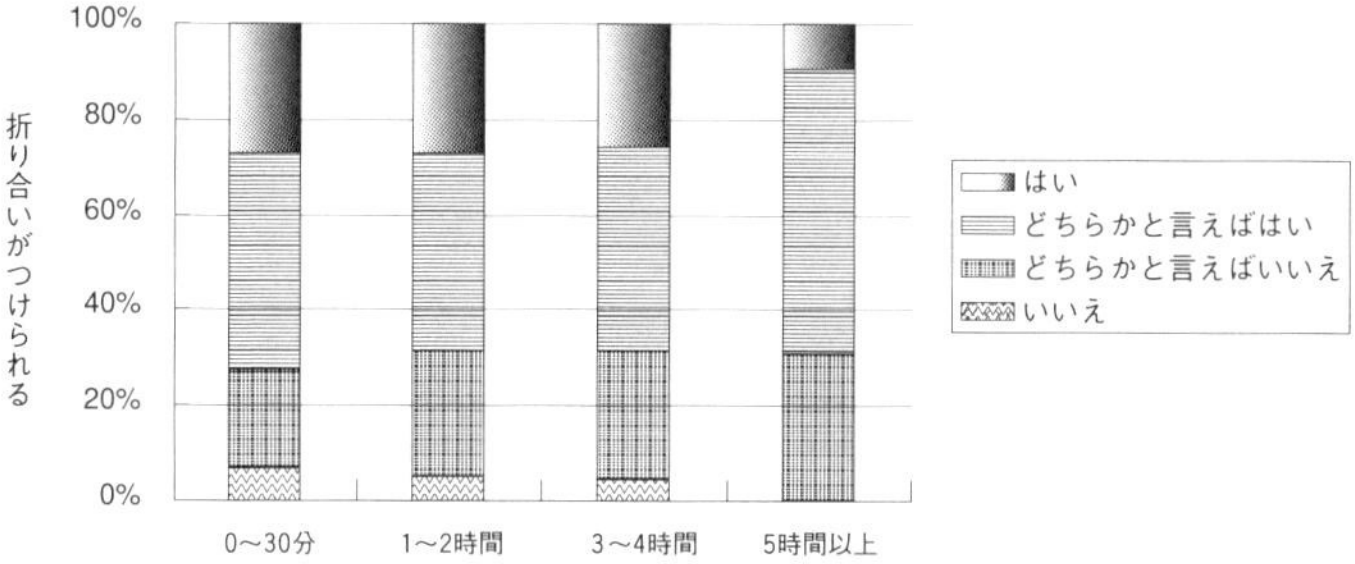

図30　折り合いがつけられると平日とテレビ視聴時間の関連

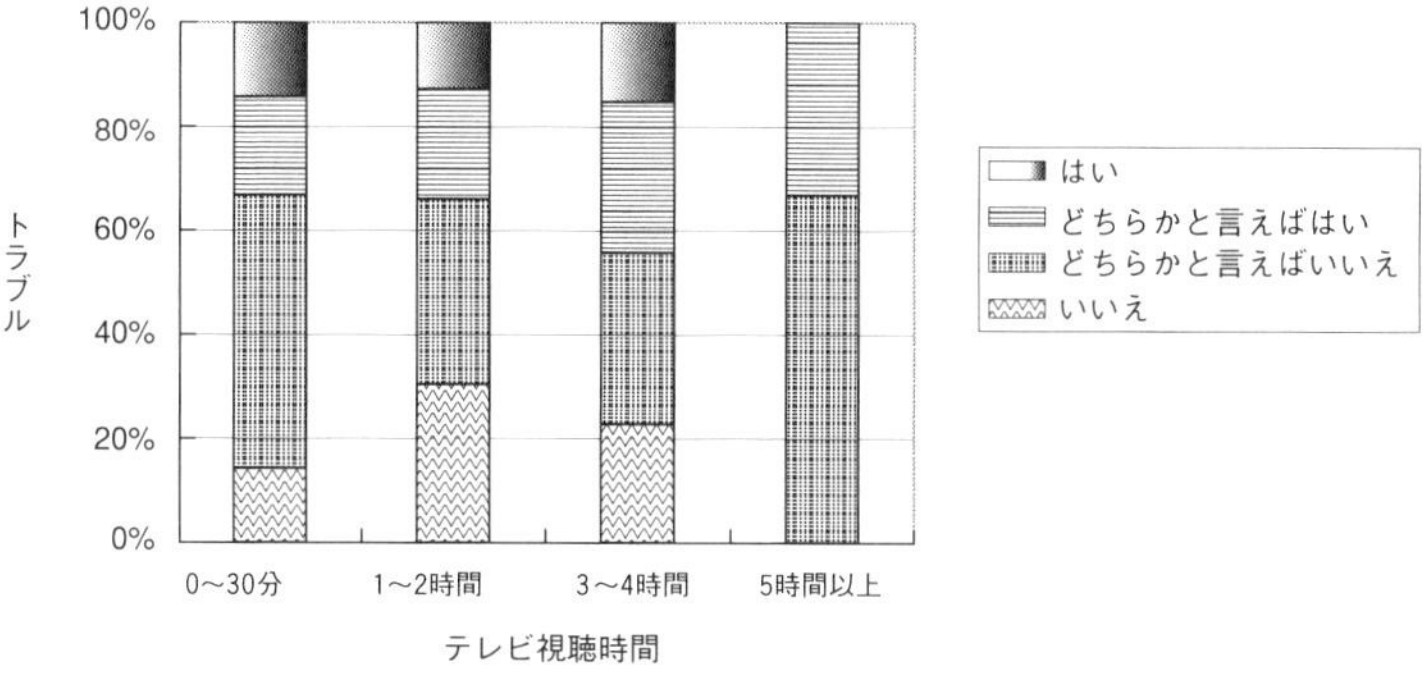

図31　けんかやトラブルが多い

食事が時間内にできるかは「はい」が減り（五二・四％→三六・一％）、「いいえ」が増えます（〇・〇％→二〇・五％）（図32）。

すぐ疲れたと言うかは「はい」＋「どちらかと言えばはい」が増え（一四％→二〇・七％）、「いいえ」が減ります（六六・七％→三四・一％）（図33）。

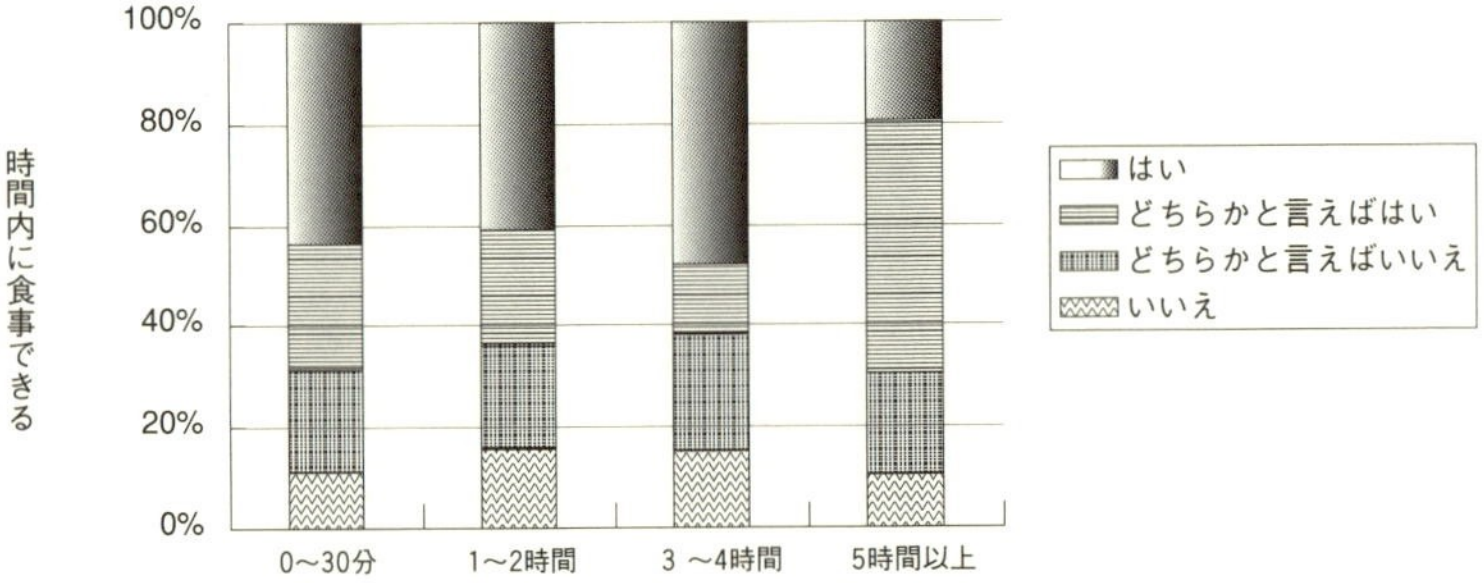

図32　時間内に食事できると平日テレビ視聴時間の関連

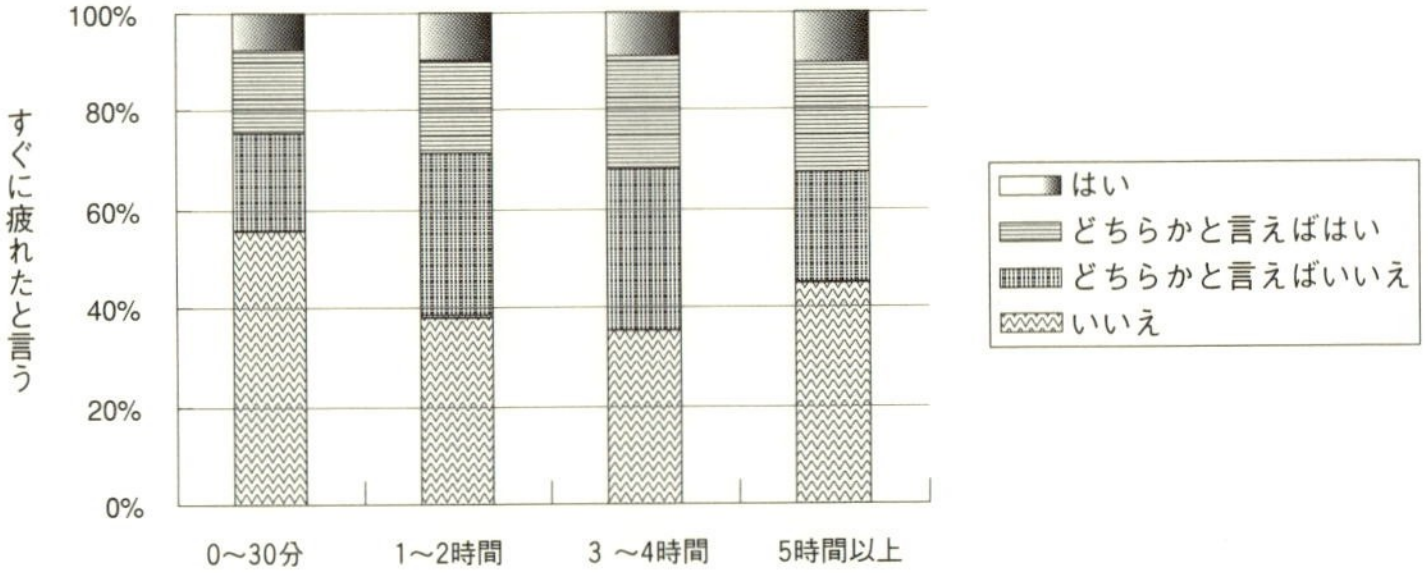

図33　すぐ疲れたと言うと平日テレビ視聴時間の関連

体を動かす遊びについては「好き」が減ります（五二・四％→三四・七％）（図34）。

自信がない様子は視聴時間が長いほど「はい」が増え（四・八％→二〇・〇％）、「いいえ」が減る傾向にあります（三八・一％→二二・七％）（図35）。

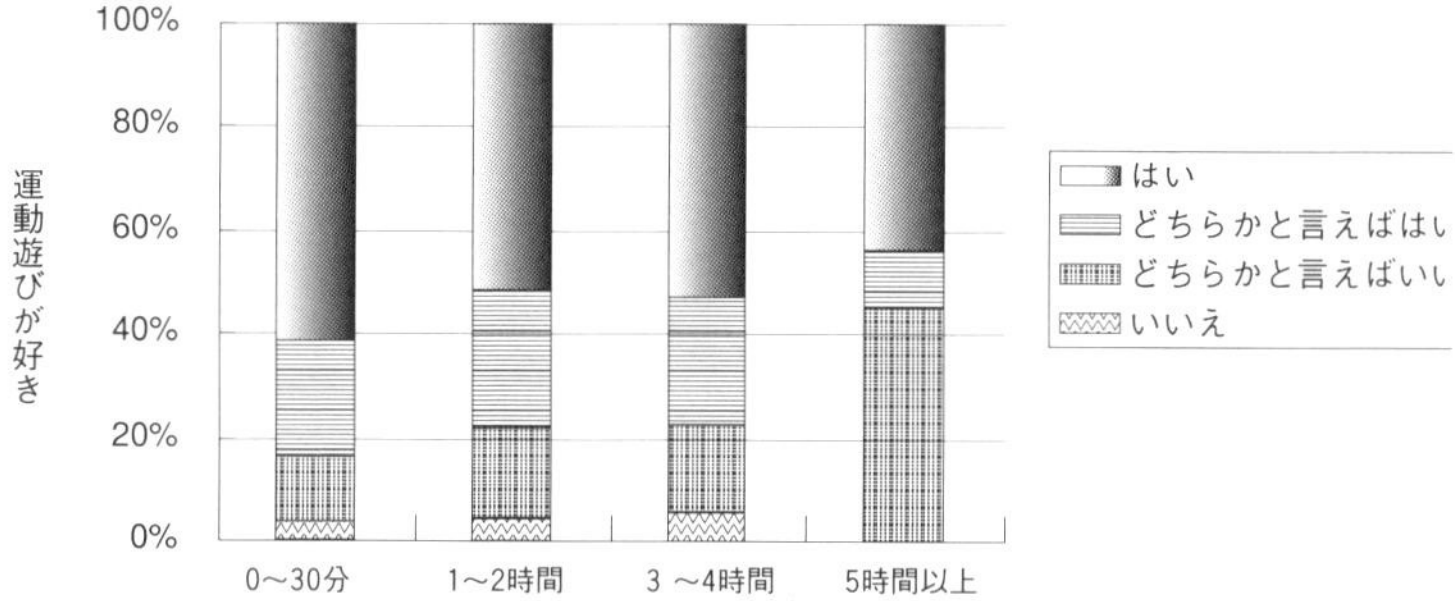

図34　運動遊びが好きと平日テレビ視聴時間の関連

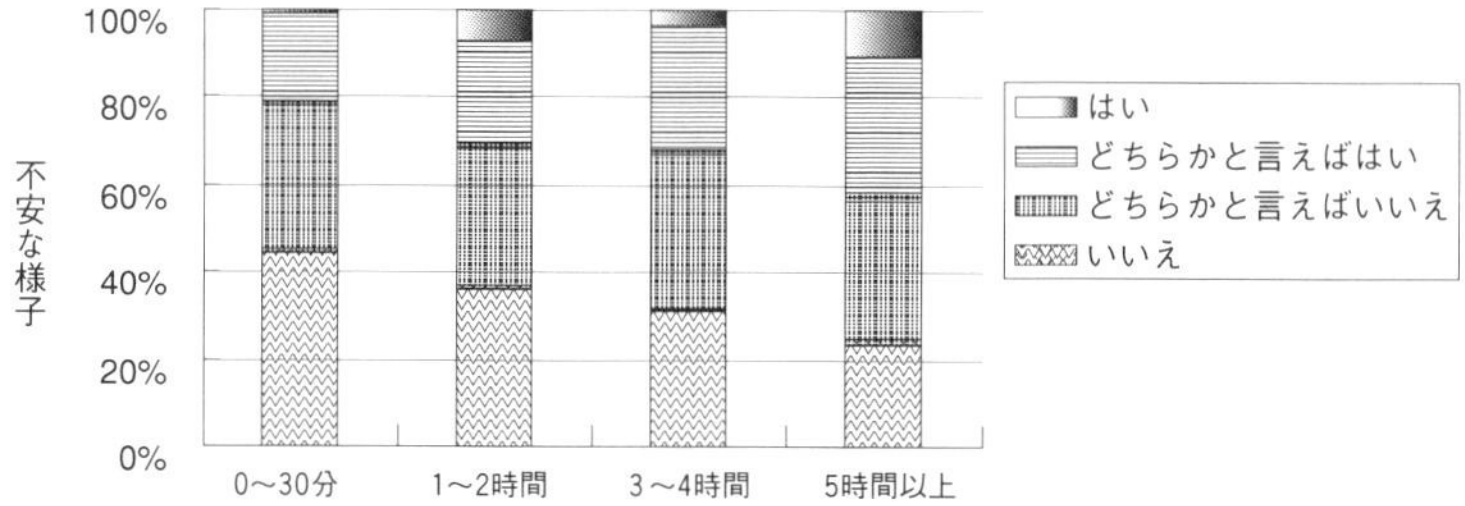

図35　自信がなくて不安な様子と平日テレビ視聴時間の関連

また、ボーっとしている率は「はい」＋「どちらかと言えばはい」が増え（二八・六％→三八・七％）、「どちらかと言えばいいえ」＋「いいえ」が減ります（七一・四％→六一・三％）（図36）。

以上のように、幼児期においての調査では多くの項目において長時間視聴の影響が見られました。

赤ちゃんにおっぱいをやりながらテレビを見ているお母さんが八割を超えるということは、子どもにおっぱいをやる瞬間すら子どものことは頭にないという子育てが実際に八割もあるということです。そういう子どもたちが保育園に入ってくるのですから、視線が合わなかったり、先生の言うことを全然聞いていなかったり、そっぽを向いていたり……ということが起こるのであって、その子どもがおかしいわけではないということでしょう。そういう子育てをされてきた結果として、子どもにそういう現象が出ているだけなのです。お母さんの関わり方をそのままにしておきながら、子どもにいくら園で関わっても、園から帰ってまた同じような生活が子どもを待っているという状況があるのですから、「家

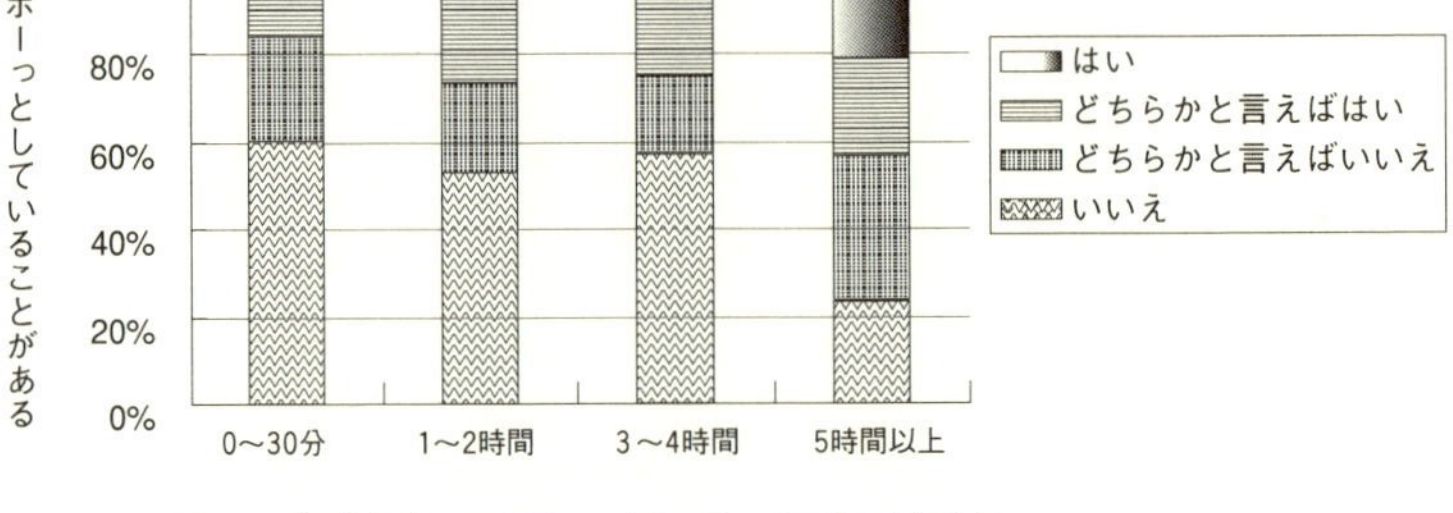

図36　何もしないでボーっとしていることがあると平日テレビ視聴時間の関連

に帰ってからは家庭の責任で、そこに保育者が口を出すのはプライバシーの侵害」という考えでは、もはや子どもの発達は保障できないという時代であることを親も保育者も認識してほしいものです。

また、親だけではなく、小児科医や保健師さんなどの専門家の関わりや助言にも、認識の見直しが必要であるように思います。テレビ・ビデオ漬けの結果、一歳半健診で言葉の遅れでチェックされる子どもがいます。ところがほとんどの場合、そのときの指導は「経過観察」つまり「様子を見ましょう」なのです。一歳半健診のチェック項目に「どれ位の時間テレビやビデオなどに接していますか」という総接触時間のチェック項目がない自治体も多いのです。そのために七～八時間テレビ・ビデオ漬けの子どもたちが「様子を見ましょう」と、生活の改善がないままにされてしまいます。次の三歳児健診まで放っておかれると手遅れになりかねません。子どものコミュニケーション能力やメディア接触状況をもう少し詳しく聞いた上で、適切な指導をしてほしいものです。

さて、このようにテレビの介在によって、子育ての在り方、家族の在り方が変化しました。今まで、お互いの顔を見て話をしていた家族は、テレビに目を向けながら話すようになりました。それは、お互いの目を見ながら話すのではなく、目をそらしながら話す話し方を子どもに植えつけました。

お母さんも子どもたちも、家事をしながら、子育てをしながら、食事をしながら片手間に、または立ち歩きながら通りすがりに、テレビを見るようになりました。そのような見方に慣れてしまうと、目の前のテレビの中で何が起こっていても、それは今の自分と無関係であるという認識が当たり前になりました。つまり、今までお互いの存在を意識しながら動いていた家族は、テレビが家庭内にあるようになったことで、人が何かをしていても、その前で無関係なことができる子どもを育てしまうことになりました。このようなことの積み重ねによって、子どもたちは、家族間の直接的な対人関係から、テレビという媒介を介しての間接的な対人関係へと、日常の対人関係の持ち方を変えてきてしまったのです。

子どもの時にこころが動いたことで開いたこころの窓は、その子どものこころを動かす窓になると思われます。幼い時に一番こころ動く体験は何であったかを大切に、人との関わりでこころ動くことを大事にしてあげれば、自分の目の前にいる人のこころを感じられる子どもに育っていきます。私たちの失敗を教えてくれるのは子どもです。子育てがうまくいかない時に、子どもが私たちに何を教えてくれているのだろう、と受け止める私たちであることが必要だと思います。

3. メディアを「使いこなす」子育て

さて、テレビの害が分かったからといって今、子どもたちの生活からテレビをなくすことができるのでしょうか。テレビの無い生活を強いることが本当に子どもたちにとって最善なのかというと、そう言い切れないように思います。テレビからの情報量は、新聞を日常的に読まない子どもにとっては大きいものがありますし、子ども同士の会話がテレビの話で成り立っているということもよく言われます。かつて我が家は週に一人一番組と決め、三人の子どもが一緒に見ていました。週に三番組しか見ていない我が家の子どもたちは、学校でのテレビの話についていけませんでしたが、彼らの級友は、彼らが見ていないことを知っていて、前日にあった子どもの人気番組の内容を自慢気に話してくれたようです。子どもたちは、友だちに教えてもらったテレビの内容を、学校から帰っては私に話してくれたものでした。

つまり、テレビの話ができることが先か、友人関係が先かということでしょう。テレビの話ができることは、友人関係の一部でしかないのですが、それがすべてになってしまう人間関係の薄さこそ今の子どもたちの問題だと思います。テレビを自分の生活の一部として、コントロールできるならば、テレビの情報は活かせるかもしれません。子どもの生活が単調で、人間関係や楽しみの範囲が狭いほど、子どもはテレビやテレビゲームを自分にとって重要なものと位置づけ、コントロールを失います。

こうなると、テレビだからというより、子どもがどんな人間として育てられているかが、テレビによって問われているのではないかという気がします。親が、子育ての中に「テレビを使いこなして」いるか、テレビを無批判に取り込み、振り返ることなく子どもをテレビに預けているかです。もちろん番組製作者の「子ども観」を問い、良識を求めることも、親たちにとって必要なことです。その上で、あなたと子どもがテレビとのどんな付き合い方を選ぼうとするのかが重要でしょう。

では、それらのメディア漬け状況に対して私たちができることは何でしょうか。幼稚園や保育園でいくら集団あそびや直接体験を重視しても、家に帰ってからの生活がテレビ中心で闘いシーンを多く見ていたのでは、子どもの環境は改善されえないと考え、ＮＰＯ子どもとメディアでは、二〇〇〇年から幼稚園・保育園の呼びかけによる「ノーテレビデー運動」を始めました。

【ノーテレビデー】

ノーテレビデーとは、全くテレビを見るなという運動ではありません。まず月に一日だけ、朝から寝るまで全くテレビ・ビデオ・テレビゲーム等の電子映像メディアに接しない日を作ろうという呼びかけです。

福岡県浮羽郡内の保育園では二〇〇〇年四月より毎月二〇日を「ノーテレビデー」として園から家庭へ呼びかけました。前日に「明日はノーテレビデーです。テレビをつけないで過ごしてみましょう。」という呼びかけとアンケート（①ノーテレビデーは実施できましたか？②テレビを見ないことにお子さんは何か言いましたか？③主に何をして過ごしましたか？④見ないことで発見したこと等）を配布し、ノーテレビデーの翌日に回収するというだけのことです。その日は朝からテレビをつけないで登園させ、昼間子どもがいない間はつけてもいいのですが、子どもが帰って来る時間から寝るまではつけないという取り組みですが、それだけでいろいろな変化がありました。

二歳までの子どもたちは飛躍的に言葉の数が増えました。おしゃべりが増えました。親子の会話が非常に増えました。夫婦の会話すら増えました。そして、良かったこととして共通して多かったのは、

①家族の会話が増えた。
②一緒に遊ぶ時間が増えた。
③食事の時間が早く済む。
④時間がゆっくり感じられた。

でした。さらに、
⑤日頃気づいていない子どもの成長に気づいた。
⑥子ども同士でいろいろな遊びを考えだして遊んでいた。
⑦兄弟姉妹が仲良く遊ぶ。
⑧食事の手伝いをした。
⑨早起きができ機嫌も良かった。
⑩音楽が聴けた。
⑪いつもよりお父さんと遊べた。
⑫テレビをつけなければ他のことで遊べると分かった。
⑬子どもの話がよく聴けた。
⑭園の事など話してくれた。
⑮テレビに子守りをさせていたのが分かった。
⑯早寝早起きができて、時間が増えた気がする。
⑰相手になってあげると喜んでたくさんコミュニケーションがとれた。
⑱子どもはそれなりにいろいろ考えついて遊ぶので嬉しい。
などが報告されました。

テレビを消すと家の中がとても静かだということが分かります。静かになればお母さんが料理をする音、お茶碗を洗う音など、生活の音が聞こえてきます。静けさの中で気持ちが落ち着き、五感が研ぎ澄まされます。チカチカするテレビの光が無ければ、自然のやわらかな光を感じます。「音っていっぱいあるんだね」、「外のにおいがするね」等外の天気を感じ、風の冷たさや陽の暖かさを感じる言葉が聞かれます。子どもたちは園に行くまでテレビがないと、朝ごはんをさっさと食べ、着替えなどの準備も早く済ませるようです。そして、家族との会話が増えます。テレビがついている中ではどうでしょう?・テレビは五秒と黙っていませんから、「この世の中は音でいっぱい」で、自分から発信する必要を感じなくなるのです。そして、常に音が出ているので問いかけに対して返事をしなくても、平気になる癖がついてしまいます。

登園風景も様子が違います。日頃はビデオを見てきた子どもたちは、強い刺激を受け○○レンジャー、○○マンになりきっているので、自然なコミュニケーションがうまくいかない子すらいる現状ですが、その日は「おはよう」と言ったら「おはよう」と返事が返ってくるようになります。ノーテレビデーの日の帰りがけには先生に「今日は寝るまでテレビを見ないでおこうね」と声をかけてもらいます。親より先生に言ってもらうほうが子どもたちに効果があります。

すると、帰ってきた子どもたちは、「何をして遊ぼうかな~」と考えます。ここに遊びの工夫の楽しさが生まれてくるのです。そうやってこころも体も使って遊んだ子どもは、疲れて寝てしまいます。ノーテレビデーの日は平均三〇分は、就寝時間が早まります。すると、起きる時間も自然と早くなるのです。

この取り組みの大切なことは、テレビを見ないということではなく、テレビを消すことで発見される子どもたちや親の変化です。まず、テレビに振り回されることがなくなったということに気づきます。「〜がはじまるまでにお風呂に入らなきゃ」、「〜がはじまるまでにこれをやっておかないと」とテレビ番組の三〇分、一時間単位に追われていたことに気づくのです。八〜九割の報告に「子どもは意外と平気」とあります。大人の都合でテレビ漬けにしていただけではないかと反省されます。そして、お母さん、きょうだい、人と関わろうとしはじめます。「お母さん、あのねぇ」と自分から話しかけるようになります。

ノーテレビデーを実施したある園の先生からこんな話を伺いました。

その園が月一日のノーテレビデーを実施して、四回目の時でした。お母さんが「明日はノーテレビデーだよ」と言ったら、四歳の子どもが「ワーイやったー！何してあそぼっかな〜！」と言ったそうです。しかし、小二と小四の上の子は「え〜!?」という反応だったのを見て、そのお母さんは「ノーテレビデーを喜べる下の子と比べて、上の子に申し訳ないことをした」と思ったと話してくれました。テレビを見ない日を「いっぱい遊べる楽しい日」と感じる下の子は、ノーテレビデー以外も、見たいテレビ番組が終わるとさっさとテレビを消して遊びはじめる子どもになったとの報告を聞いて、保育者たちは、ノーテレビデーの取り組みをして本当に良かったと思ったといいます。

【ノーテレビウィーク】

ノーテレビウィークは、年に一回、一週間テレビ・ビデオ・テレビゲームに接触しない週をもとうという取り組みです。二〇〇二年にノーテレビウィーク（一週間）にチャレンジした家族の七割以上で、会話が増えたと報告されています。チャレンジすることにより、大人とのスキンシップが増えたと九割の家族で感じており、兄弟姉妹の関わりでは八割の家庭で遊びが増えており、その内容においても「家族みんなで遊ぶ」「戦いごっこが少なく静かに遊ぶことが増えた」などの変化が七割で見られました（図37）。

さらにこのノーテレビウィークに参加したある園ではその後、週一回のノーテレビデーを続けています。そのアンケートの中から二人の子どもの成長を抜き出してみましょう。

〈Rちゃんの記録〉

二〇〇二年一一月六日

テレビをつけないようにして二週間たちました。時々「見たい」と言いますが、火曜は「今日は見ない日だよね」と自分から言っていました。二、三回お友だちが見てるからテレビアニメを見たいと言ったこともありました。夕食後からお風呂に入るまでの三〇分

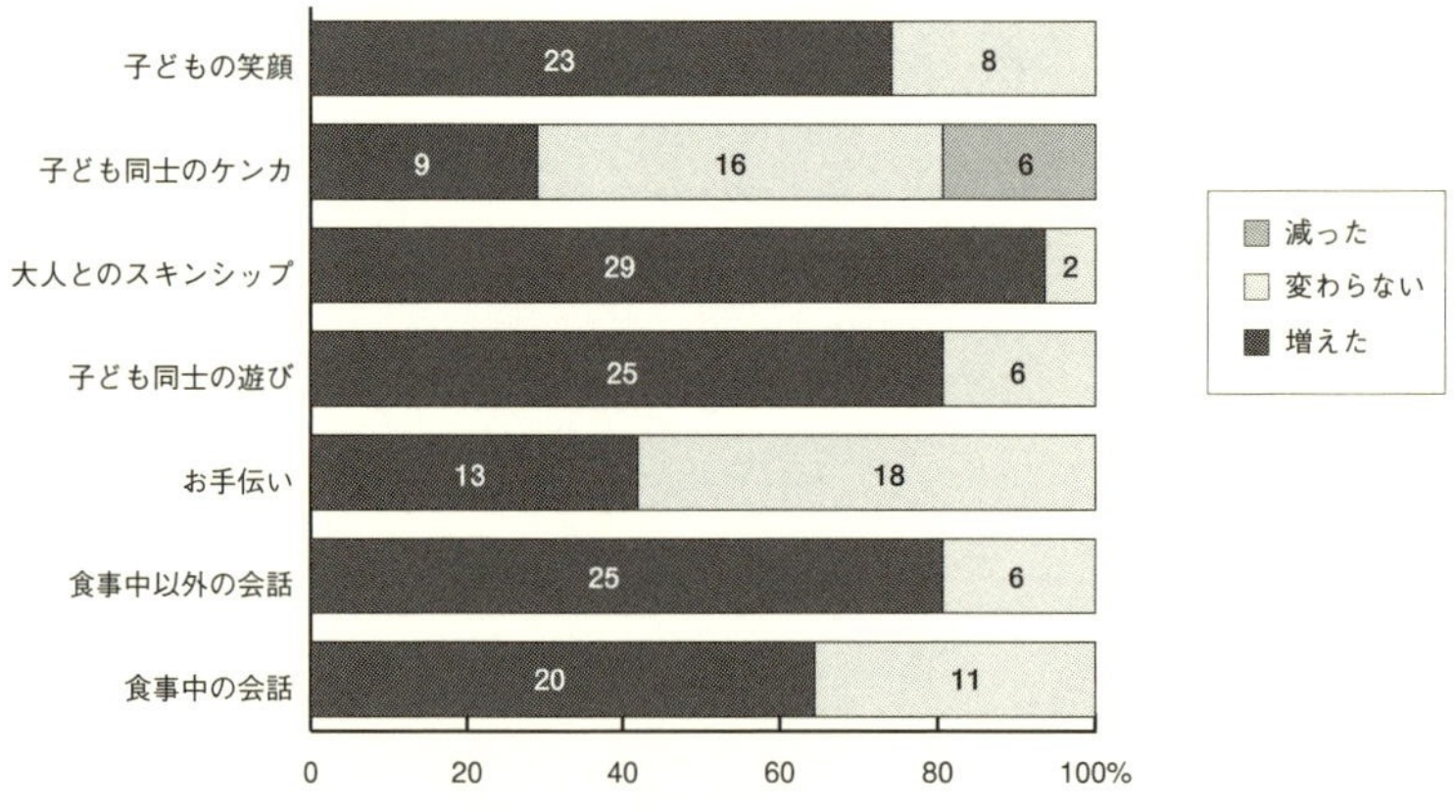

図37　一週間のノーテレビチャレンジ後の様子（2002）

位、最近はクレヨンで絵を描いたり塗り絵をしています。保育園ごっこが減り、少し静かに過ごすことが多くなったような気がします。

二〇〇二年一一月一二日

三人（姉妹）のうちRは時々NHKのアニメを見たがります。でもすぐ妹に「イヤ」と言って消されてしまいます。

お絵かきをしました。お日さま、雲を描き、姉妹で遊んでる様子の絵を五〜六枚描いてました。「雲も描けるようになったよ」と嬉しそう。その後三人で風船で遊び、夕食。後片づけをしてる時は保育園ごっこをしていたようで、歌ったり本を読み聞かせてるような様子でした。その後お風呂に入り、八時頃に布団を用意し、本の読み聞かせをして八時半には寝てました。

二〇〇二年一二月三日

帰ってから夕食までは、お絵かきしたりクレヨンを並べたりしてました。夕食は鍋だったので、いつもよりゆっくり、時間をかけて食べ、食後はハンカチでバナナ、ソフトクリームなどを作って遊びました。今日はクッキングでお芋のまんじゅうを作ったようで、詳しく作りかたを教えてくれました。その後入浴。本の読み聞かせをして眠りました。

ずっとテレビを見てないので、テレビを見ないのが当たり前になってきて、いつもどおりです。八時前には眠っています。

二〇〇三年一月七日

夕食。遠足のお弁当の準備をいっぱい手伝ってくれました。ハンバーグ、ポテトサラダを作りました。野菜のみじん切りをたくさんしてくれ、ゆで卵の殻をむいたり、ジャガイモをつぶしたり、遠足のことなど話しながら楽しく作りました。二時間後くらいにやっと食べることができました。

二〇〇三年八月五日

保育園の帰りに買い物へ行ったので六時半頃帰ってきました。夕食を食べ、スイカを食べました。「ばばばあちゃんのすいかのたね」の話をRがしはじめたので、あらすじを話しました。お風呂の前はお絵かきをしてました。寝る前はいつもは絵本を読むけれど、Mが眠たそうで明日は学校だったので、絵本は読まず、園でのことなどを話しながら眠りました。八時半頃でした。

二〇〇三年八月二六日

夕食後、私がお弁当の準備（ごま豆腐）をするのを見て、味見をしたり、水っぽいのがドロドロになっていくのを興味深そうに見ていました。お絵かきしたり、塗り絵をしたりして、お風呂へ入り、絵本の読み聞かせ（三びきのこぶた、くもさんおへんじどうしたの）をして寝ました。三〇分位布団に入って話して寝ました。

二〇〇三年九月九日

夕食前は、お皿、スプーン、コップなどを出し、ご飯などをよそってお手伝いをしてくれました。食後は姉、妹とブロックで遊び、お風呂の後は「ミッケ!!」という本を見て、絵本の中からどんぐりやカギなどを見つけて遊びました。

二〇〇三年一〇月二一日

お散歩でヘリコプターを見に行ったことをいっぱい話してくれました。月曜に作っておいたヨーグルトケーキを、夕食の後食べました。一緒に作ったので、味も一段とおいしかったようです。

二〇〇三年一一月四日

帰ってきたら、祖母、いとこ（五歳　男の子）が来ていたので、さっそく合宿のこと、みかん狩りのことなどを話してました。いとこと広告を使って細く長く丸めて、どちらが上手にできるか頑張っていました。ご飯をいっぱい食べ、みんなでお風呂に入り、祖母たちが帰ってすぐ絵本を読み、寝ました。

二〇〇三年一一月一一日

夕食の準備中、お風呂の掃除をしてくれました。ていねいにしてくれて、きれいになっていました。夕食後は、募金する貯金箱に貯金箱（家にある）のお金をきれいにして入れていました。その後、絵本を三冊読み、寝ました。

〈Nくんの記録〉

二〇〇二年一一月二六日

お兄ちゃん、お姉ちゃんもこの日だけは協力してくれているので助かるのですが、毎回みんなで楽しく遊んでいます。私も一緒に、絵本も最後まで聞けました。

二〇〇二年一二月三日

テレビがついている時間、子どもたちは別の部屋で遊んでいたのでほとんど見ていません。

二〇〇二年一二月二五日

お兄ちゃん、お姉ちゃん、そこに来ていた子どもたちと一緒に卓球をやったり、走り回ったりと大騒ぎでした。あやとりもやりました。また一つ覚えましたよ。

二〇〇三年一月一四日

こま回しを一生懸命練習しました。だいぶ回せるようになってます。

二〇〇三年九月二日

ご飯の準備や片付けなど進んでお手伝いしてくれてました。町の図書館でお姉ちゃんと借りた本を見ていました。

二〇〇三年九月三〇日
おはじき遊びを兄姉としていたようです。
二〇〇三年一〇月二一日
おはじき遊びや、夕方は親子でボール遊びをしました。お父さんの帰りが早かったので、久しぶりに一緒にお風呂に入り、のんびり話をしてました。
二〇〇三年一一月六日
ご飯の後、風呂も入らず寝てしまいました。朝までぐっすりです。
二〇〇三年一一月一一日
兄・姉・母とトランプをして遊びました。何度もみんなで遊び楽しかったです。
二〇〇四年一月六日
みんなで一緒にお風呂に入りました。早めに入り長―く入っていたのでゆでタコになりそうでした。その後、兄姉とおもちゃで遊びました。

Rちゃんも N くんもノーテレビデーの体験が積み重なるにつれて、その時間を楽しめる力をつけるだけでなく、周囲への思いやりや関心が深まっていることが読みとれます。
また、この園を卒園した小学生も、その曜日はノーテレビを続けている子どもが多いとの報告も受けています。ノーテレビデーは、園から呼びかけやすく、子どもの変化がクラスの中で相乗効果を持つことにそのメリットがあると言えるでしょう。

〈ノーテレビウィーク・チャレンジャー〉

H幼稚園では一週間のノーテレビウィークと一週間のセレクトウィークによるノーテレビチャレンジを呼びかけて実施しました。その中のある保護者の感想を紹介します。

「えっ、二週間?うちは無理。小学生のお兄ちゃんたちがいるし、第一、二週間なんて……」ノーテレビウィーク・チャレンジャー募集をいただいた日の、私の第一声はこの言葉でした。……ところが、「チャレンジャー」という言葉を目にした小五の長男が「チャレンジャーになりたい」と意外な一言。「えっ、二週間よ。テレビゲームもだめよ。友だちとも遊べないかもよ」と散々おどしてみましたが、それでも「大丈夫」と軽い返事。「しかたがない」と私も覚悟を決めて申し込みました。

初日、月曜日というのに、土曜日の学習発表会の振り替えで休校。お兄ちゃんたちは、前日に図書館から借りていた本をすべて読み終え、時間を持て余している様子でした。いつもなら車で行く買い物も、子どもたちとサイクリングをしながら時間を稼ぎました。夕食は皆でチヂミ作りを楽しみ、夜は久しぶりにオセロやトランプをして過ごしました。

それから数日後、「早くしないと……」という私の言葉が消え、子どもたちはやりたい事が沢山でテレビを見る暇がないといった感じ。テレビのために中断されていた集中力も存分に続くのです。私も急がす必要もなく、ゆっくり、のんびり。

ノーテレビウィークを終え、我が家の生活リズムが変わり、不思議なくらいこころと体にゆとりができました。

日曜日、家族でドライブに出かけた時のこと、太陽の光に照らされた、輝くすすきの群生を見て、「わぁすごい、『三年とうげ』に書いてあった『白いすすきの光る秋の日』って、このことか」と感動。空を見上げては、「わっ、クジラ雲」と雲の変化していく様子に盛り上がり、落ち葉を拾っては「ステキ」、石を見つけては「この形、かわいい」、子どもたちの言葉は輝いていました。なんて気持ちの良い休日でしょう。

今度はどこへ行こう。何して遊ぼう。私も楽しくてしかたがありません。

気がつくと感受性豊かな子どもたちの姿がありました。

ゲームソフトを買うために貯めていたおこづかいの使い道もどうやら変わったようです。

良い機会を作ってくださったことにこころから感謝いたします。

いかがでしょうか。あなたの家庭、あなたの園でも試みてみる価値はあると思いませんか？

【ノーテレビチャレンジ四週間】

ノーテレビチャレンジは、ノーテレビウィーク（全くテレビを見ない週）とセレクトウィーク（一週間に二時間まで見てよい週）とを交互に二回、四週間にわたってチャレンジするものです。これは、「中毒から脱する」ために必要な期間と考えて二〇〇一年に実施したかなりハードなプログラムですが、それだけに効果も大きいものでした。

アンケートからチャレンジャーたちの体験を週ごとに見てみましょう。

〈第一週〉テレビの音が消え、子どもの声が聞こえる

子どもたちはほとんど平気でした。一日目にはぐずった子どもも、三日目にもなると遊びを工夫しはじめ、外遊びが増え、早く寝るようになりました。親子の会話が増え、一緒に遊んだ報告も多くありました。特に未就学の子どもは適応が早く、テレビを見たいとも言わずによく遊ぶようになり、週の後半になるとじっくり遊んだ結果、遊び方に工夫と幅ができて、ますます楽しくなるという循環が生まれはじめました。

一方親の方は、テレビを見ないことで、子どもの様子をしっかりと見つめるようになり、新しい発見や驚きが子育てを楽しくさせる反面、テレビに子守をしてもらえないストレスが親のほうにたまってきました。

〈第二週〉週二時間の工夫

ノーテレビを続けた家族もありましたが、子どもたちは話し合い、工夫して「見たい番組」を選んでいました。多くの家庭でビデオにとってコマーシャルを早送りしたり、タイトルバックは飛ばしたりして時間を稼ぎ、正味二時間半くらいを確保しています。「二倍速で四時間分見た」「自分の持ち時間を弟妹に売ろうとした」など、思わず笑い出すような報告に、家族のコミュニケーションが確実に取り戻されている姿がうかがわれました。

一週間ぶりにテレビを見た子どもたちは「暇な時はテレビがあってよかった」「久しぶりに見たらガーガーうるさかった」「選んで見ると一所懸命に見る」などの感想を送ってくれました。

〈第三週〉家族の関係が変わってくる

「テレビのない静かな空間に慣れた」「トランプ遊びをじっくりやって子どもの性格も分かった」「姉妹・家族・友だちで飽きずに遊べることを知った」「いろいろなことをじっくり考え、ぶつかったり我慢したり、テレビ相手にはできないことです」「子どもが夕飯のお手伝いをしたがる」など、三週目になると生活が徐々に変化し、家族がお互いを見つめ、ぶつかりながらもお互いを大切に感じるようになる姿が報告から感じられました。

一方、疲れが見えて「父親はすぐテレビをつける」「友だちの家では見ているみたい」「雨の日はストレスがたまる」などの報告も見られました。

〈第四週〉見たいものだけ見るが当たり前に

「テレビを見たいとあまり思わなくなった」「見たいものだけ見たら、時間がもったいないからすぐ消す」「テレビをつけると集中してみて、テレビを消すといろいろな遊びがはじまる」「選んだテレビを見た後は家族でいっぱい話をする」「誰も見ていないとすぐ消すようになった」などが報告されました。

参加した家族がチャレンジから得たものは予想以上でした。それは、テレビによって失われていた家族のコミュニケーションが復活して生き生きとした会話のある家族が生まれたことであり、テレビなしでも大丈夫な自分や我が子に自信がもてたことであり、親子で遊ぶことや工夫して遊ぶことの楽しさを発見したことでした。「ノーテレビチャレンジはテレビを見ないチャレンジではなく、テレビを見ないことを通して本当の家族の姿を発見するチャレンジであった」と、つくづく思ったものでした。

テレビ・ビデオは光と音を中心とした刺激物です。私たちが四週間という期間をノーテレビチャレンジに設定したのは、このテレビという刺激物への中毒を取り除くには四週間必要という判断からでした。それはノーテレビチャレンジの終了後の結果から見ても、必要最小限の期間であったと言えます。酒や薬などと違って、テレビ・ビデオという刺激物については年令制限や容量表示がないまま子どもに無制限に与えられているのが現状です。これからテレビ業界、ビデオ業界の自主規制と倫理性が問われる時代が来ることは明らかでしょう。

【配線を切ってノーテレビ】

最後にあるシンポジウムで会場発言されたお母さんの体験を紹介しましょう。

『長男が二歳の頃からだったと思います。ちょうど、主人の母が亡くなって父一人になったので、同居をすることになったんですけれど、それから一日五～六時間、毎日テレビを見続ける生活がはじまりまして、結局、幼稚園から帰ってきて三時から夜の九時までテレビを見る生活が、毎日続くようになったんですね。やっぱりおじいちゃんは、淋しいので、テレビを見るのが生きがいになっていまして、それを奪うことはできなかったので。おまけに家族が多かったものですから、家に三台のテレビがあったので、私がいくらとめても、子どもの方が器用になって、だんだん知恵をつけてくると、とめても、とめても、繋いで見て回っていたんですね。で、結局夜の九時を過ぎて十時になっても寝ないようになってきまして、結局睡眠時間がなくなって、次の日起きれなくて、たたき起こして幼稚園に遅れて行くっていう毎日が続くようになりました。テレビが悪いっていうのは幼稚園の園長先生からも聞いていて、分かってたんですけれども、その葛藤がすごく苦しくて、イライラするし、ヒステリーにもなりかけたし、私もストレスが溜まって、主人ともそれでけんかになったし、「そこまでテレビを見せないなんて言わなくても、普通に育つからいいじゃないか」と言われて、大変な状態だったんです。ただ、毎日聞こえてくる子どもからの言葉が、普通の会話じゃないんです。テレビのセリフしか返ってこないんです。話す言葉がテレビのキャラクターの言葉で、例えばポケモンの中のサトシ君の言葉とか、クレヨンしんちゃんの真似をよくしてましたね。もう、それが日常の生活になってて、身振り素振りも、本人は全然悪気は無いんですけれども、キャラクターの真似の生活になって、私が話す言葉も聞こえてるのか聞こえてないのか、耳が悪いのかと思うほどでした。本当にそのころはそれでイライラして、この子おかしくなったんじゃないだろうかって、もうカッカカッカきてたんです。そして、おじいちゃんが平成一三年の十一月の終わりに亡くなってしまったんです。これは、子どもにとってはすごく悲しいことで、いつも守ってくれた膝で、テレビを見るのを楽しみにしてたおじいちゃんが亡くなってしまったんです。そのあとさらに、もっと、ずーっとテレビになりました、上の子も下の子も。言っても言っても、テレビにしか反応しなくて、怒ったら次のテレビに移って、怒ったら次のテレビに移って、私から逃げるようにテレビに逃げるんです。他の人間じゃなくてテレビに逃げて、テレビをつけたら、ほっと撫で下ろす、状態が落ち着いて、人間じゃなくってテレビで安心してるんですね。そして私はとうとう平成一四年の一月三一日に、配線を全部切ってしまったんです。もう、それほど頭に来てたんです。次の日からがびっくりしました。上の子がしゃべりだしたことと、歌いだしたことです。聞きもしないのに、お願いもしないのに、ずーっと歌っていて、それも楽しそうに色々なことをしゃべり出したんです。幼稚園の年少さんの時からの園のこと、お友だちとしたゲームとか、先生としたゲームとか、色々なことこと。この子がこーしてくれた、あーしてくれたと、こういうゲームはこうやって遊ぶんだよってていうのを一日中ずーっと話してくれるんですよね。止めどもなくずーっと、言葉や歌が溢れ出てきてびっくりしたんです。「そんな歌、お母さん全然聞いたことないよ。言ってくれって言っても教えてくれなかったでしょ」って言うほどでした。年少さんの時も年中さんの時も、聞いても聞いても園のことを話してもくれず、「この子忘れてるんだろうな、覚えてきてないんだろうな」って思うぐらい、全然教えてくれなかったのに、テレビを切った次の日から、まるまる一週間ずっと歌いだして、しゃべりだして、楽しそうにしてくるんです。「わーっ、すごい。なんだろうこれは。」と思いました。

あと、それまではお願い事しても、いろんなこと聞いても、返って来なかった言葉が、テレビを切って二～三ヶ月ぐらいして、何か聞いた時に、一日あとくらいになって、「お母さんがこないだ聞いたあれね」って、ふと答えたんですね。私が聞いた後、答える日まで、ずーっと色々考えてくれてたんだなとちゃんと考えが繋がってるんだと思って嬉しかったです。

そういうことが、その後度々起こるようになって、園長先生にも「テレビを切ったんで考えが回るようになったんでしょう」って言っていただきました。「例えば、外でお友だちとけんかして、あの子がこうしたから僕が悪いんじゃない。でも僕のこういうところが悪かったのかもしれないって、色々考えて歩いて帰って来ているところ、家に帰ってテレビをつけたら、そのテレビのおかげで、思考がストップしてしまってそれが毎日続くと、切れるような状態になるんでしょうね。それが、テレビがなくなったことで、切られるものがなくなったから、ずーっと頭の中で考えが回るようになったんでしょうね」っておっしゃってくれました。テレビがなくなって、悪いことは一つもなかったです。一年近くたって、子どもが、『お友だちは見てるけど、僕は見られない』って淋しそうに言ったのがちょっと可哀想かなと思いますけど。私も怒らなくて、ストレスがすごく減ったし、精神的に楽になって、息子は息子で、いろんなことを覚えて帰る様になって、ちゃんと覚えられる子だったんだというのも分かりました。テレビを消しただけで、こんなに変わるもんかって本当に思いました。うちの場合はもう色々切羽詰った感じだったんですが、他のお友だちを見てても、テレビの言葉で話してる子も多く見受けられるし、テレビの害について知るようになると、お母さんたちも変わると思うし、周りの子どもさんたちにもいいんじゃないかなと思います』

フロアーからの発言より重みのある体験者の言葉でした。

かつては「テレビっ子」と言われましたが、今の子どもたちは「ビデオっ子」という状況の中に子どもたちはいます。テレビは、何か見たい番組がある場合、どんなに見たくてもその時間にならないとその番組は始まりませんし、見終わった後は、どんなに「見たい」と思っても、もうやってくれません。つまりテレビっ子の場合は「見たい」という欲求と「待つこと」と「我慢すること」がワンセットになっていたのです。ところがビデオっ子となるとこの状況が違ってきます。ビデオは「いつでも」「何度でも」要求は満たされて当たり前になり、「待つこと」や「我慢すること」は楽しみとセットのものとしてでなく、単なるストレスとなってしまいました。今の子どもたちは満たされているのに満足できない状態におかれていると言えます。

子どもたちのこころの中に、自分が見たいものは主体的に見るけれど、見たくないものはスイッチを切る、流されてくるものに対して「ノー」と言える力を育てておくことが大切なのではないでしょうか。

さらに、あらゆるものがお金さえ出せばいつでも手に入るという状況の中では、不必要なものをちゃんと拒否できるという力を育てることの重要性が非常に高くなってきています。この力を育てておかないと、子どもたちはいくらでも流されます。流されはじめたらどこにでも行ってしまうくらいに、さまざまな情報、さまざまな選択肢が世の中に溢れています。できるだけ幼児期に、自分が何をしたいのか、自分がそれを求めるのか求めないのかということを区別できる子どもに育てていただきたいと思います。

【ノーテレビデー実施のポイント】

さて、講演などでノーテレビデーを紹介しますといろいろなご質問をいただきます。その代表的なものについてここでお答えしておきましょう。

「子どもはテレビがなくても平気になったのですが、私自身がテレビ中毒です。テレビを消すと淋しく感じます。どうやったら消すことができますか」という方がいらっしゃいますが、まず、音がないと淋しいということであれば、好きなラジオ、音楽に替えてみることです。強烈な光の点滅が無意味に流れることを思えば、ラジオのほうがまだましです。そして何か好きなことを見つけることです。趣味があればテレビを見る時間も減ってくると思います。消すことだけを目標にするととてもストレスです。「テレビを消して何をするのか」が目的、その豊かさを考えることが大事です。

また、「幼稚園に通いはじめてから、○○レンジャー等の戦闘ものが大好きになり、見はじめてから行動が荒っぽくなり、見るのをやめさせようと思います。周りのお友だちが見ている中で、うちの子だけ見ないということは、ストレスに感じないでしょうか?」と悩まれる方も多くいらっしゃいます。

幼稚園の年少組の子どもは、外にエネルギーを出したい時期です。子どもがテレビを見て、かっこいいと思ったヒーローの真似をすることは当然のことです。そのヒーローは、どうして戦っているのか一緒に考えてみてください。ヒーローは大切なものを守るために戦うのであってただ乱暴なだけではありません。

戦いの背景にある優しさや正義について目を向けて親子で話をしてほしいと思います。そして、ビデオに撮っての繰り返し視聴を絶対にしないことです。

また、番組を見た後の行動をよく見てください。荒っぽい様子が見えたら、すぐにその場で話をします。「それは、あのテレビの番組を見て真似してやっているんじゃない?真似して(攻撃的な)言葉や行動をしているように、お母さんには見えるよ。それだったらあの番組は見ないほうがいいと思うよ」と伝えてください。自分の行動がテレビの影響を受けて攻撃的になっていることに、気づいているのと、無意識にそうなっているのでは、大きな違いがあります。幼い時からのメディアリテラシーが大切です。

また「うちの子だけ見ないと……」ということですが、実際にノーテレビチャレンジをして周りと適応できなくなったという事例はひとつもありません。我が子がどんな人間に育ってほしいのか考えてみてください。すべてが周りと同じではないと不安な子どもを育ててしまっては大変です。一つや二つ欠けているものがあったとしても、堂々としている子に育ってほしいと思います。

「ノーテレビチャレンジやノーテレビウィークをやってみたいので、具体的にどう進めたらいいのかアドバイスをお願いします。」という申し出もたくさん寄せられています。どうぞいろいろなところでチャレンジしてください。ただ、いくつか注意してほしいことをお話しします。

①　子どもに「ノーテレビ」を罰のように与えないでください。

「テレビを見ないといろんな発見があるんだって。やってみない?·実験してみよう」と楽しみにはじめるやり方がおすすめです。

②　親子で「ノーテレビ」をやってみることを話し合ってからはじめてください。三歳以前であれば「テレビが壊れた」でも通用するかもしれませんが、それ以上では「理不尽な我慢」が強いられたと感じてしまいます。

③　園や学校から呼びかける時は、今の実態を調査して問題点を明らかにしてから取りかかる方がいいでしょう。時間はかかりますが納得してはじめる方が効果は上がります。

④　園や学校で一斉に（同じ日に）ノーテレビデーに取り組むのは、子どもたちが『他の子も見ていない』という安心感がもてるというメリットのためです。家庭生活まで強制するつもりではありません。

⑤　テレビを見たい家族との間に摩擦が起こるかもしれません。それは家族の話し合いのチャンスと思ってください。

家族や人間関係はいつも平和なわけではないのです。親からのこうあってほしいことと、子どもがこうありたいことが、違っていてぶつかるのは当たり前のことです。でも、ぶつかったからといって「離反」しては意味がないのです。離反には痛みしか残りません。親子が「～したい」「～だろうか」と擦り合わせをして、摩擦を起こすから「ぬくもり」が生まれるのでしょう。摩擦がないと「ぬくもり」は生まれません。話し合って、お互いに折り合いをつけることを一つひとつやっていくことで、その子自身がどんな問題にも、じっくりと取り組んで納得いく擦りあわせができるようになるベースを育んでいるのだと思ってください。

第三章　事例を通してキーワードを考える

保育者の方々の悩みは日々、尽きることがありません。それらを一緒に考えてゆくと、単にその子にどうしたらよいかということだけではなく、家族関係や親の問題、社会やメディア環境からの影響、保育そのものの課題などに行き着きます。寄せられた事例を通して、それらについて考えてゆきたいと思います。（名前はすべて仮名です）

1. 言葉が出ない

あいちゃんは二歳七ヶ月で入園してきた女の子ですが、園では一言もしゃべりません。家でもほとんどしゃべらないけれども、生活に差し障ることもないので、家族は余り気にしていない様子です。

三月に弟が生まれたばかりで、お母さんは弟の世話も大変です。五月頃から、お母さんが園から帰ろうとするとついて行こうとして泣くことが見られはじめました。でも、保育者がだっこしてやろうとすると、反り返って嫌がります。また、おもらしすることが増え、トイレに行きたがりません。保育者は、弟が生まれたことにより赤ちゃん返りしているのだろうからと考え、叱らずに見守ることにしました。また、指しゃぶりもありますが、できるだけ遊びに誘って、ボーッとする時間がないよう配慮しました。

トイレに行く時は、楽しく歌を歌ったり、飛行機になったり、汽車になったりしながら行くようにし、トイレもあいちゃんの好きなキャラクターの模様を貼ったりして、楽しい雰囲気にしたら、そのうち、トイレには楽しんで行くようになり、「あいちゃん、おしっこ行こうか」と言うと、自分で行くようになりました。

ところが、おしゃべりの方はなかなか言葉が出ません。お母さんが迎えに来ると、何やら嬉しそうに話しているようなのですが、保育者にはうなずいたり、首を振ったりの返事だけです。家では少しずつ話ができているということで一安心したのですが、言葉がもっと出るような指導を心がけたいと保育者は思いました。

言葉はまず、〝声〟を基盤とします。声は、身体から出る空気ができるだけまっすぐに〝表現される〟必要があり、これは実は、不必要な緊張を解き、身体をほぐすことが大切なのです。

これが遊びの中で実践されるのが、幼児期の自己表現でしょう。叫ぶ、泣く、話す、歌うなどによって子どもは、まず気持ちを表現するために声を出す、話すということが自然にできるようになります。しかし、言葉での表現が促され、豊かになるには、次の三要素が必要です。

・話したい内容が豊かにあること

子どものこころの中に、たくさんの感動体験があって、こころが動き、いわばこころの中に表現されようとするものがたくさんたまることが話すことの基盤です。子どもは何かを体験した後、盛んに話したがります。また、豊かな表現を生むには、たくさんの感動体験とこころの動きがなければなりません。言葉の遅れている子どもに対して、言葉を増やすために、体験よりも絵カードなどで教えるやり方を見ることがありますが、これは子どものこころに話したい内容がつまって話すのではなく、インプットされた刺激をアウトプットする練習にすぎなくなります。保育者として関わるのはあくまでも子どものこころ全体の発達に関してですから、遊び体験の中で、たくさんの話したいような体験を積み重ねるということでしょう。

・**話す相手がいること**

話すということは、話す相手がいないと表現しにくいという面を持っています。したがって、話す内容がたくさんあればいいというのではなく、話を聴いてくれる相手が必要です。話を聴いてくれる相手がいないと、言葉は豊かに発達していきません。

子どもの豊かな言葉表現を助けるにはまず、聴くことと言っていいでしょう。

・**言葉を使えること**

話したいことがこころにいっぱいあって、話を聴いてくれる相手がいる時、子どもは「話したい」という気持ちになり、表現する適当な言葉や声を選びます。その時に豊かな言葉世界を開いてくれるのは絵本やお話です。また、その子に向けて話しかけられるたくさんの言葉のやりとりがあることです。

文字の学習は言葉の自己表現性を、より豊かにするためのものであって、決して言葉を覚えることや読めること、書けることが目的になってはなりません。

以上のようなことを頭に入れて、あいちゃんが言葉を出すかどうかにこだわるのではなく、表現したくなるような楽しい、こころ動く活動をたくさんし、あいちゃんのこころができるだけ回り道せずに表現されるよう気持ちを寄せて聴き、あいちゃんがたくさんの豊かな言葉に触れられるようたくさんのお話や絵本との出会いを作り出すことが原点でしょう。

あいちゃんは家では話ができるとなると、場面緘黙症的な緊張があるようにも感じます。話をしないことへの保育者側のこだわりも緊張を呼び起こしているかもしれません。緊張をほぐし、いつの間にか話しかけていたというような自由な雰囲気を作ることも大切です。

2. 悪い言葉

言葉を覚えたての子どもたちは、あまり使ってほしくない言葉（バカなど）も使いたがります。良い言葉ではないことを伝えたいと思っても、どのように伝えたらいいのでしょう。

子どもは、周囲の環境からあらゆるものごとを吸収して発達してゆきます。それは、善悪の判断の前に情報として吸収されてしまい、使ってみることによって身についたものに変化してゆきます。「知ったことを使ってみたい！」というこころの動きそのものは人間にとってとても大切な力です。そして子どもの発達においては、良・善・正なるもののみでなく、邪・悪・偽なるものに出会うことも必要だと言えるのです。

「使ってほしくない言葉」に関しても礼儀（マナー）として「使ってほしくない汚い言葉であることを知る」という視点のみでなく、「親（保育者）として子どもに触れさせたくない文化がどうしても子どもに入ってしまう」という環境の視点や、発達のステップとしてとらえるという視点が必要であると思います。すなわち「良い言葉ではないことを伝える」ことのみを目的とすると、あとの二つの視点が失われてしまうということが問題になるのではないでしょうか？

また、子どもの年令や集団の中で流行っているのかどうか、どんな時に使われるのか、それ以外の表現手段は豊かに持てているのか、などとも関連して考えないといけないことになります。例えば、いま言葉をどんどん覚えている二歳児までであれば「使うな」ということより、もっと適切な言葉や表現手段をどんどん広げてやることや、「バカ」という言葉で表したい怒りや不満を別の手段で表現できるよう促してやることなどが必要でしょうし、「バカ」という言葉を言うことによって関わってくれる親や保育者の反応を楽しんでいるのなら、関わりの楽しみ方を生かしてほしいのです。これが四歳以上の友だち関係が形成されている中で使われるのであれば、『相手の気持ちになること』や『どうして、そういう言葉を言ってしまいたくなるのか』とその子のこころの内を見つめることが必要になってくるでしょう。

いずれにしても、周囲の大人がその言葉にどう反応するかを子どもは見ています。その言葉が出るたびに「また言った！」と反応すれば助長することになりかねないし、全く無視されたのでは、反応をひき出すために再び同じ言葉を繰り返すことになります。

ただし、保育者や親の注意をひくためにこのような言葉を盛んに使う子どもは「大人が困るようなことをした時にしか、大人は自分の方を向いてくれない」と感じていると考えられます。そのような場合には、その関係をたて直して、『楽しさや喜びを共有・共感する関係』になることが基本となります。

最後に、「その言葉を使ってほしくない」という親（保育者）の気持ちは、そのまま子どもに伝えてよいメッセージです。「私（お母さん・先生）はそう言われるの、いやだな」と。そして大人自身がよりよいモデルとして、どのような言葉遣いをしているかも、見直してみましょう。

3. ヒーローごっこ

子どもたちはよくヒーローごっこをして、楽しんでいますが、強く当たって泣き出すことがあり、泣き出してもそのまま蹴ったり叩いたりし続ける子がいます。十年くらい前の子どもたちは、友だちが泣いたらやめていたのに、最近は泣いてもかまわず続けたり、他の子まで加わることもあります。保育者はその時に、どう声をかけていいのか悩みます。

子どもたちの生活の中のテレビなどのメディアの影響はますます大きくなっています。テレビ視聴時間は三歳児で平均二時間を超え、五歳児では三時間に及びます。毎日それだけの時間をテレビの前に座って過ごす子どもたちに影響が出ないはずはありません。身体的な影響も見逃すことはできませんが、幼稚園、保育園現場では子どもたちの人間関係や遊びの変化に、影響を強く感じるのではないでしょうか？

このヒーローごっこの中の子どもたちも、テレビのヒーローの真似をするうちに、自分と友だちの関係と空想の敵対関係との区別がつかなくなってしまっていることを感じます。三歳までの子どもたちは、空想と現実の境が曖昧で、容易に行き来できます。これは子どもとしてはすばらしい素質なのですが、空想の世界のほうが一面的な敵対関係ばかりであるとそれに染まりやすいという危険性と紙一重です。今の子どもたちは、家に帰ってからのほとんどの時間をテレビを見て過ごし、それに比例して友だちとの仲間遊びや家族との団欒、さまざまな比喩に富む昔話の世界などに触れる機会が急速に減っているのです。

目の前で叩いたり蹴ったりを目撃した園の先生としては、目の前のヒーローごっこが仲間を敵にしているときには決して許さない断固とした関わりが必要です。が、子どもたちはいわば被害者であることも忘れてはいけません。幼児期のテレビについては、親が「テレビを見ていると静かで手がかからないから」という理由で見せており、テレビを禁止すれば、比較的短期間（一週間～一ヶ月のノーテレビ）できょうだい関係や親子関係、友だち関係に変化が生まれ、子ども自身はテレビをあまり見たがらなくなることが分かっています。保護者に対しての積極的な呼びかけと取り組みが必要です。

このような一方的なヒーローごっこでは困るのですが、子どもの発達にとって「攻撃性の発散」という課題は大切なものでもあります。仲間への攻撃ではなく、保育計画の中で子どもたちの攻撃を向けるに値する（「子どもたちの大切な宝を奪った悪者」というような）ものに対して敢然と戦いを挑むような場を設定し、子どもたちの攻撃性を活動性・積極性・ひいては正義感や優しさにまで展開・昇華してほしいのです。そのような保育が用意され、子どもたちの攻撃性の行き場が確保されれば、子どもたちはもっと健康に自分の力を発揮しだすでしょう。

4. ファンタジー

園庭で遊んでいた時に、雨が落ちてきました。「お空で、雷様がおしっこしたのかな？」、「泣いてるんじゃない？」と子どもたちが楽しそうに言うと、かずおくんが「お空に雷さまとかいないんだよ」と言いました。また、「ウソの話を子どもにしないでください」と言う親もいます。

子どもたちに対してする話には、バイキン坊やが出てきたり、かばの歯医者さんやモグラのモグちゃんなどが登場したりします。こんなのはみんなウソの話だから、子どもにしてはいけないのだろうか、と今の子どもたちのシラけた物言いに出会うと保育者は悩みます。

ファンタジーイメージを登場させたお話は保育の中でよく使われます。『むしば』や『雷』、色が変わる不思議さなど、『目に見えないけれども働きとしてたしかにある』ことがらを、イメージとして伝えるとこういう形になるということです。そして、イメージで表された働きは、たしかに私たちのこころを動かす力を持っているわけですから、それは『ある』のです。こころにとっての『真実』と、目に見え、手で触れることができるという『事実』とを混同してしまって、『目に見えないからない』と決めつけてしまうことの方が真実から離れてしまうでしょう。

人間は古来、見えないけれど働きとして感じるものをイメージを使って表現し、伝え、より高い認識を導いてきました。仏さまを描いた仏画などもその一つでしょう。

幼児におけるファンタジーイメージを使っての説明やお話は、そのような認識を深める準備であり、さらには、働きとして感じる目に見えないものを信じる力を育てることです。人間にとって大切な「やさしさ」や「おもいやり」、「愛情」、「こころの絆」などはたいてい目には見えないものです。そのようなことをこころで確かに感じることのできる人間になってほしいと願います。だとしたら幼児期には、ファンタジーイメージを駆使して、子どもの「こころが感じ取る力」を育ててほしいものです。

5. 思い通りにならない

友だちと遊んでいて、自分の思い通りにならないと、すぐ泣き出すか、怒りだしてなかなか友だちと遊べない子がいます。また、好きな友だちや先生を独占しようとして、みんなと遊べない子もいます。

今このような子どもが増えている気がします。昔流に言えば「こらえしょうがない」と言うのでしょうか、こころがすぐに一杯になってしまうような子どもが目立ちます。このような子どもにはいくつかの背景があります。まず、その子にとっての「いつも」が「思い通りになっている」のかどうかによって違います。自分の思い通りになるのが当たり前の日常を過ごしていると、思い通りにならないことがとてもきついことに思えてしまうのです。

また、いつもが思い通りにならない日常であっても、それはそれでもうこころがいっぱいで、新しい負担に耐える余裕がないということもあります。この子の場合はどちらなのか分かりませんが、いずれにしてもこの子がこれからの人間関係において、とてもストレスに弱い状態にあることは確かでしょう。

子どもたちは様々な気持ちを体験しながら育ってゆきます。それは私が「こころの運動」と名付けたもので、「こころの基礎体力」をつけるためには喜怒哀楽や、ハラハラ、ドキドキ、ワクワクというようなこころの運動を乳幼児期に充分に体験することが大切なのです。また、けんかのような感情や、がっかりするというような体験も、それを見守って理解してくれる人がいる中では大事な成長のエネルギーになります。

泣き出したり怒り出したりした時に、保育者が関わり、機嫌をとることは、その子自身が自分で気持ちを切り替える力を身につけることを妨げるかもしれません。あるいはそこで「あなたが悪い」とか「あなただけで一人占めはできないよ」と正論を言われても、ますます孤立感が高まって、行き詰まった思いはパニックを強めます。泣いたり怒ったり乱暴したりしている子どもを見捨てないでそばにいて、しかし、なだめるのでも叱るのでもなく、その気持ちがおさまるまで待ってやれることが大切です。保育者はその子の本当の欲求がどこにあるかを見極め、その子は何が好きで、何をしているところが落ち着いて、何が笑顔を引き出すのか?をその子と共有してください。そして、その子が落ち着いた気持ちを取り戻した時に、「えらかったね。泣きやめたね」と一言かけてあげたいものです。

6. トラブルメーカー

気分にムラがあり、ほんの些細なことがきっかけとなってトラブルを起こす、トラブルメーカーと呼ばれるような子どもがいます。

明くんは友だちにぶつかって、友だちから注意されても自分の非を認めず、保育者が謝るように促しても応じず、次にはパニックを起こし、パニックが収まってからゆっくり話をするとやっと自分の非を認めるというパターンを繰り返しています。明くんはひとりっ子で、両親ともに働いており、祖父母が車で二〇分ほどの所に住んでいて、祖父がよく迎えに来ますが、「大変な子で、もう面倒見きれませんわ」と保育者に対してもはっきり言われるそうです。父親は家にいてもあまりかまわず、母親もスキンシップを嫌がり、抱いたり、手をつないだりというベタベタした子育てができないと語ります。今は母も入院中で、そのことが不安定の原因になっているので、話し合っていく必要があると保育者は考えました。

明くんは自分を守ることに必死です。人からの非難に対して身を固くし、攻撃の防御策としてパニックを起こすという反応パターンを身につけてしまっています。

明くんが本当に求めているのは、両親の愛情深い関わりでしょうし、お母さんに「もっとスキンシップをして、もっと抱いてあげて」と言うのは簡単です。しかし祖父の言葉から察するに、母親自身もあまり愛情深い環境で育ったとは言えないようです。そうなると、まず母親自身が自分を受け入れてもらったという体験に乏しく、子どもに対しての適当な関わりが持てないということではないでしょうか。こんなお母さんに、「○○してください」と言ってもなかなか難しいのです。明くんが守られるためには、回り道のように見えても、保育者がお母さんの大変さを理解してあげ、お母さんの味方になって、お母さんが受け入れてもらったと感じることが必要なのです。

明くんは、親の守りが薄く、不安も高く、そして人間関係も希薄な中で必死に生きていると言えます。母親から「抱いたりベタベタしたことは嫌い」と言われ、祖父から「もう面倒見きれない」と言われる状況は、心理的虐待を受けているとも言えるくらいです。そんな明くんが、たとえ自分に非があっても認められない気持ちなのを分かってあげてください。自分の非を認めることが正しいことは分かります。しかし、自分の非を認めるには、自分が「非のある人間であっても受け入れてもらえる安心感」がいるのです。「自分が自分であるというだけで親に受け入れられた」という体験なしには、非のある自分をさらけ出すことなんて恐ろしくてできません。明くんにとっては、ずいぶん大変なハードルがあるのではないでしょうか。

そんな明くんに、保育者までが「きちんと謝る。泣き叫ばない。友だちとトラブルを起こさない子どもであること」を求めてしまうとしたら、明くんはまたもや「自分は自分ではいけない。自分は守られていない。自分はひとりぼっち」という思いを強くしてしまうのではないでしょうか。保育者が明くんのこころの痛みに共感しつつ、きっといつか安心して自分を認めることができるように、常に明くんを認める言葉をかけ続けることが大切なのではないかと思います。

7. けんか

子どもたちが園庭で遊んでいました。清くんと大くんが砂場で遊んでいるところへ敏くんがやってきて、遊びはじめました。敏くんはすぐ手を出す子なので気をつけて見ていると、清くんと大くんもそれを知っていて、敏くんとは遊ぼうとしません。一人で砂をかき混ぜていた敏くんが、大くんの持っていたバケツを取ってしまいました。それをまた、清くんが取り返そうとしたところ、敏くんは清くんをそのバケツで叩いたのです。清くんは泣き出し、そして敏くんと砂やスコップの投げ合いになってしまいました。保育者はすぐにとんでいって止めましたが、先に手を出したのは敏くんにしても、清くん・大くんがまったく悪くないとも思えず、いったいどうしたらいいのかと保育者は悩んでしまいました。

敏くんがすぐ手が出てしまうのは、自分の気持ちをうまく表現することができず、もどかしさと淋しさがいつもこころの中で渦巻いている状態なのではないかと推察されます。あるいは、親や周囲の大人から、叩かれたりすることが日常の関わりの中で当たり前なのかもしれません。

敏くんが叩くということはよくないことには違いないのですが、そのような敏くんを叱るだけでは改善しないことはすぐ分かるでしょう。敏くんは叱られれば叱られるほど、自分を分かってもらえないもどかしさに苛立つでしょう。

大切なことは、「敏くんとの間に信頼関係を築くこと」です。けんかを今止めることよりも、すぐ手が出てしまうために友だちにも避けられてしまう敏くんを、どのような関わりの中でもっと穏やかな人間関係の持てる子どもにしていくかのほうが先になってきます。それは、けんかが起こるたびに叱られていて達成できることではありません。しかし、敏くんと清くんのけんかは止めなくてはなりません。その、止め方がポイントです。

こんな時、たいてい保育者は『泣いている清くんを抱いて、敏くんを叱る』というパターンになりますが、それでは敏くんが「先生は清くんのほうが大事なんだ」と思ってしまうことになり、保育者に信頼を寄せる道は閉ざされてしまいます。こういう場合、私がおすすめするのは、『敏くんを抱きとめて、敏くんを叱る』という方法です。「敏くんの悔しさやもどかしさを分かっているよ」と抱きしめて伝え、「でも人を叩いてはだめだ」とはっきり強く伝えることです。叱る時は、手を握るなり膝にのせるなり、抱きしめるなり、難しい子どもほどスキンシップをとりながら叱ることが必要なように思います。けんかの時は、普段悪者になりやすい子どもの方にそうしてあげてほしいものです。

8．主体性

ある日、自由時間に教室の中で子どもたちはそれぞれ遊んでいました。本を読む子、絵を描く子、黒板に字や落書きをする子、走り回る子。靖くんもそんな中で黒板に何か描いていては、大声で「先生！先生！」と怒鳴り、他の子も合わせて大声をあげていました。先生は「靖くん、そんな大きな声をあげなくても、先生ちゃんと聞こえます。先生に聞こえるくらいの声で言ってね」と言いました。

靖くんは再び黒板に向かって何か描き、今度は小さな声で「先生」と言いました。靖くんは約束を守ったのです。しかし先生は、他のクラスの先生と立ち話をしていて返事をしませんでした。「先生……先生……」、そしてついに「先生！見てー！」。そのとたん、「靖くん！大きな声出さない約束したでしょ！」という先生の返事。靖くんはちゃんと約束を守っていたのです。なのに返事もしてくれず、他の人と話をしているから、靖くんは聞こえていないのだと思って、だんだん声を大きくしていっただけでした。

靖くんは黒板にチョークを投げつけ、「ワーッ」と大声をあげながら、教室の中を走り回りはじめました。先生は「靖くん！どうして先生の言うことがきけないの！」と叱りました。

靖くんは次の遊びが見つからず、フラフラと歩き回っていました。先生がやがて他のクラスの先生と話し終わり、何人かの子どもを集めて『あぶくたった』しようか」と言った時、靖くんはボールを見つけ、「あっ、これで遊ぼう」とでもいうように目を輝かせたところでした。ボールを床に打ちつけてはずませている靖くんに、「靖くん、そんなことしないの！ほら、『あぶくたった』しよう！」と声がとびました。

「主体性をもった子どもを育てたい」「子どもの主体性を伸ばしたい」と願いながら保育をしているにもかかわらず、子どもに遊びを押しつけ、子どもの変化に気づかないことはよくあります。保育者が忙しすぎて、一人ひとりを見ていられないのも事実でしょう。子どもからの発信を待っていては時間が足りなかったり、予定通りいかなくなることもあるでしょう。しかし、プロとして子どもが主体性を発揮するための場面と時間を用意することができているかを、特に、うまく自己表現できない子どもに機会を与えているかを考えてみてください。できる子をほめることは素人でもできます。だとしたら、プロとしてするべきことは何なのでしょうか。

9．安定基地

お気に入りのおもちゃのある子はたくさんいます。園にやって来て、まずそのおもちゃを触ってからでないと何もできなかったり、他の遊びをしばらくして、ちょっとそのおもちゃに戻り、またほかの遊びへと出ていったり、他の子とけんかしたり、嫌なことがあったりするとそのおもちゃのところに行くとか、まるで基地のようになっているおもちゃや場所のことを「安定基地」とよぶことがあります。毛布やタオルがその役目を果たすことは多くの家庭で見られますし、園ではコップやおもちゃのお気に入りを遊びの間ずっと持ち歩いている子もいます。

政ちゃんの安定基地は、乗って動けるような大きな電車でした。政ちゃんはいつも不安気に動き回り、先生の言うことをきかず、一人で動きまわることの多い子でしたが、その電車が安定基地になってやっと落ち着いた矢先、その電車をめぐっての宿敵が現れたのです。政ちゃんもその子も元気が良く、その電車を奪いあってけんかが絶えなくなりました。どちらかがその電車で遊びはじめると、必ずもう一方がやって来ます。担任もそのけんかには手をやいて、ついにその電車をかくしてしまうことにしました。

ある朝やって来て電車が見つからない政ちゃんは、以前のようにウロウロと歩き回り、元気がなくなりました。けんかしていたころのほうが、むしろ先生の言うことにも従え、課題もできたのに、電車がなくなってからは、けんかだけでなく、こころの安定も失われてしまっていました。

数日して、あまりに元気のない政ちゃんの姿に担任は再び電車を出しました。その時は政ちゃんはとても嬉しそうだったそうです。ところがけんかも再開。元気は出たけれど、クラス中が騒々しいので、一週間ほどして再び怒った担任は電車をかくしてしまいました。政ちゃんは昼寝もせず、先生のあとを不安気について回りはじめました。しばらくして担任は、以前の嬉々とした顔や笑い声を取り戻したいと思って、電車を出しましたが、今度は政ちゃんはチラとそれを見ただけで、もはや嬉しそうな顔をすることも、それで喜んで遊ぶこともしなくなりました。

安定基地―それは港みたいなもので、そこでホッと休んでまた航海に出てゆくとか、家で休んではまた遊びや戦いに行くようなものです。航海や戦いが苦しくても、あそこには港があり、家が待っていてくれると思えば安心もでき、頑張りもできます。電車の取り合いはその港・城をめぐっての攻防戦です。これはまだ基地の奪い合いですから、基地は自分のものになる可能性もあるわけです。もし自分の家に他人が入り込んでいるのなら、その人とけんかしてでも追い出せばすむことですが、旅に出ている間に家が跡形もなくなってしまったら、もうどうしようもないわけです。不安で落ち着かなくなったのは当たり前です。

二度目に出した時、政ちゃんがもう愛着を示さなかったのも、当然でしょう。いつも安定して存在しているからこそ、それは「基地」と言えるのであって、出てきたりまたなくなったりする不安定なものを安定基地にすることはできません。政ちゃんとしたら、二度目に電車がなくなった時、もう電車を安定基地にすることは捨てたのかもしれません。その電車そのものが大切なのではなく、その電車がいつも自分を待っていてくれて、その電車で遊ぶとこころが落ち着く、という体験が大切なわけですから、いつなくなるか分からないような電車は、もう政ちゃんのこころにとって大切なものではなくなってしまったのです。政ちゃんは、もっと安全で、なくなってしまいそうにない別の安定基地をまた探さねばなりません。

保育者は安易に安定基地を奪わないようにこころしなければなりません。しかし、大切なのは「もの」ではなくて「安心感」だと前述しました。ほとんどの子どもが、これほどの安定基地を必要としないのは何故でしょう。それは、母親との安定した関係＝「母港」があるからです。ですから、その「もの」を取り上げたり取り返したりするのではなく、安定基地となっている「もの」との関係が、その「もの」と関わっている時に見守ったり関わったりしてくれる「人」との関係へと移行し、「安心感」へと変化してゆくプロセスを丁寧にたどっていってほしいと願います。

10．片づけ・集まり

お片づけの時間になっても、子どもはなかなか遊びを止めてくれません。楽しそうに遊んでいるのを止めるのも…と思う気持ちと、早くお片づけしなさいという気持ちが入り交じって悩みます。

保育園や幼稚園での集団生活では、時間によってしなければならないことがあります。そうすると、子どもが思う存分遊ぶということはずいぶん難しいことになります。そんな時はまず、どれくらい「止める」ということが今大事なのかを、保育者自身が自分に問うことです。そして、どうしても片づけることが大事と言うなら、片づけることも保育と考え、子ども自身が「それをしたい！」と思う言葉かけや誘いかけが必要でしょう。保育は子どもがその気になるような楽しい誘いかけが工夫されているのに、しつけの分野となったとたんに、一方的な命令でいいと思っているところに保育者側の間違いがあるのではないでしょうか？

私は授業で「しつけに関する楽しい創作童話」を課題として出しますが、その時に「○○しないと～～になるよ！」という脅しタイプの童話を決して作らないようにと注意すると共に、脅しによって何かをさせてもそれは子どものこころを育てることにならないと説明します。例えば、「歯を磨かないと虫歯になるよ～」タイプの脅し童話は世間に氾濫しているのですが、そうではなくて「歯を磨いていたら、泡の中から妖精がでてきて泡の国に連れて行ってくれた。そこでは石けんやシャンプーの泡が楽しそうに踊っていて、たくさん泡を作ってくれる子どもに感謝のダンスをしていた」というような話の中で、子ども自らが「今度はいっぱい泡を立てて忘れずに磨こう（洗おう）！」という気持ちになることこそ、本当のしつけではないかと思うのです。

ただ「言われたから片づける」のではなく、子ども自身が片づけたくなるような気持ちになるように保育を工夫してみると、片づけることももっと楽しい保育になるのではないでしょうか？

また、片づけや集まりをなかなかしない子の気持ちの裏には、今している遊びの魅力と同時に、片づけた後や集まった後が楽しいと思えない……ということがあると反省してみてもよいかもしれません。外で楽しく遊んでいる子を集めて設定保育をはじめる時など、子どもたちがこれまでの経験から、今遊んでいること以上の楽しさがあると感じているかどうかが問われていると言ってもいいでしょう。

11. 運動嫌い

運動が嫌いでいつも室内で本ばかり読んでいる子がいると、保育者は気になります。「外で遊ぼう」と誘っても、なかなかのってくれない時、どのような誘いかけをしたらいいのでしょうか？

「子どもは元気に外で遊ぶ方がいい」……確かにそうかもしれません。しかし、運動の得意な大人もいれば苦手な大人もいるように、外で遊ぶことが好きな子も嫌いな子もいていいのではないでしょうか？

ただし、幼児期の子どもにとって「外で遊ぶこと」の意味は、大人以上に大きいことも事実です。最近の子どもたちの体力や運動能力の検査では、小学生の体力も運動能力も、すべて十年前より低下しているとの結果が発表されています。一日に歩く歩数だけ見ても半減以下というデータもあるそうですから、園の活動の中で歩いたり、走ったりすることがこれからはもっと大切にもなるでしょう。最近、テレビやビデオ、ゲーム漬けの子どもたちの脳は想像力や思考という人間としてのコントロールの部分が動かなくなっているというショッキングなデータが発表されました（『ゲーム脳の恐怖』ＮＨＫ出版）。そしてそれを改善するためには、トータルな運動（お手玉など）が必要であると述べられています。

また、室内で遊ぶことの好きな子は、具体的に体を動かすだけよりも、想像の世界やファンタジーの世界で遊ぶ方が好きなのかもしれません。保育者としては、ただ「外で遊ぼう！」ではなくて、子どもが体を動かすとともに考えたり想像したりする、こころの刺激も工夫してほしいものです。外遊びが好きな子どもに合わせた運動に引き込むだけでは、その子たちには合わないのでしょう。本の世界を保育室に創って楽しんだりする中で、（『三匹のやぎのがらがらどん』の吊り橋を教室に造って遊んだ園もありました）、「子ども一人ひとりの違った輝きを引き出すために、われわれは何をするべきなのか？」をもう一度考えてみませんか？思いがけない楽しい企画が生まれるかもしれません。また、コミュニケーションゲームや身体を使った表現遊びなどは、外で走り回るわけではありませんが、身体機能と想像力と集中力を養う要素をたくさん含んでいます。表現やコミュニケーションの苦手な子どもたちにとって、これから重要な保育領域となると思われます。

特に家庭での室内の遊びはほとんどがテレビ・ビデオに占められますから、室内で遊ぶことの多い（外遊びが苦手な）、子どもはどうしてもメディア漬けになり、そこからの二次被害を受けることにもなります。それを考えると、身体を動かすことの中にも楽しいことがあると運動の苦手な子も感じられるような遊びを、保育者がどれほど工夫して持ち合わせているかがこれから問われていることになります。

12. 登園を嫌がる

四歳児の克くんは登園するのを嫌がっているようで、休みがちです。登園しても笑顔があまり見られません。保護者は、「嫌がっているのを無理に行かせるのもかわいそう」という返答です。克くんが園生活を楽しめるようになるためにはどうしたらいいのでしょう。

家を出て園に行くことがうまくいっていない子どもについては、二つの面から考えてみる必要があります。「家を出る」ことがうまくいかない場合と、「園で過ごす」ことがうまくいかない場合とです。「異年齢で少人数の変化の少ない守られた空間である家」と「同年代の多い、めまぐるしい、刺激あふれた空間である園」とでは、子どもにとってはずいぶん異なる体験ですから、こころの中にはいくつもの乗り越えなければならないステップがあるのです。

まず①自分自身や家族とのつながりが、そう簡単には揺らいだり壊れたりしないという安心感が家庭内でしっかり育まれていることが必要です。家族の中に最近赤ちゃんが生まれたり、同居人が増えたり、誰かが入院したり親の就労というような変動があった場合には、これが不安定になっている場合があります。次に②入園までの間にその子が家族以外の人間関係をどのくらい体験してきたのか（乳幼児サークルや近隣の子どもたちとの遊び、園庭開放や子育て支援の利用など）によっても入園当初の戸惑いはずいぶん異なります。そして③園生活という新しい人間関係が、その子にとってなじみのある関係にどれくらい近いのか（人数や語りかけ、与えられる課題など）、あるいはその子の自由がどれくらい許されるのかによって次のステップは変わります。園の雰囲気やスケジュールが無理や押し付けのないものになっているでしょうか？

①～③を参考にした上で、具体的なこの子のことを考えてみましょう。入園当初なのか今まで来ていたのに嫌がりだしたのかによって対応は異なってきます。また、嫌がるという状態がグズグズするのか、泣くのか、身体症状はあるのかによっても違います。休んだ時の家の様子や園から誘いがあった時の反応なども聞きたいところです。それらの情報によっては以下のことは当てはまらないかもしれません。

まず大切なことは、私たちがするべきことは「登園させること」ではないということです。前述したようなこの子のこころの負担になっているものを保護者と話し合って一つずつ解いてやることの方が大切なのです。家と園でこの子を引っ張りあうような状況に置くのではなく、家でも園でも見守られていると子どもが感じられる環境を保護者と一緒に作り出してゆくことです。実はつまずいてしまった子どもたちは、もっとも敏感なアンテナとして保育の歪みや無理を警告してくれている存在とも言えるのです。余裕のある子どもたちは、少々の無理に対しては寛いこころで応じてくれます。ある保育者が設定保育で「○○で楽しく遊ぶ」というねらいで保育を行って、それが終わり、「はい、これで今日の○○遊びは終わり」と言ったとたんに子どもが「じゃあ、もう○○で好きに遊んでいいの？」と言ったという話は、笑えない事実です。

その点、登園を嫌がる子どもをアンテナにして、園の日常を「子どもたちのこころが楽しんでいるか？」の視点から問い直してみるのもよいでしょう。

13. 内弁慶

家にいる時と園での様子がぜんぜん違う子がいます。家では自分の思うようにならないと親にあたったり、爆発したりしますが、園ではおとなしい子どもです（最近はその逆の子もいます）。外に出ると恥ずかしがり屋なので、園で言えない分、家で爆発するのでしょうか？

内弁慶という言葉は昔からあったもので、家ではわがままいっぱいの子も外に出るとそれなりに気を使うことを覚えていくのでしょう。子どももいろいろな自分、いろいろな側面を持っていて当然です。しかし、そのギャップが大きすぎると、本人も辛いものになります。その極端な例が『場面緘黙（選択性緘黙）』と言われる子どもで、家では何でもしゃべるのですが、学校や外では一言も言葉を発しない場合を言います。意識的に言いたくないとか、黙っているということではなく、声が出ない、言葉が出ないということなのです。おとなしいという状態が緘黙に近いのかどうかが分かりませんが、もしそうであるなら、うまく表現できないこころの内圧があまり高くならないうちに専門家に相談されるほうがいいでしょう。

一方、問題はそこではなくて、家での爆発にあるようにも思われます。思いどおりにならないと爆発するという表現を使われているので、これはかなり激しいのでしょう。ではそれでこの子は家では満足しているのかというと、そうでもないように思えます。爆発するこの子に苛立っている家族の中では、爆発したことは何の解決にもなっていないのではないでしょうか。つまり家での表現の仕方もあまり上手ではないようですから、もっと内圧が高くなることも予想され、そうするとこころのバランスを崩してしまいます。

さて、このお子さんの得意な表現は何でしょう？　家族で一緒に楽しめることは何でしょう？　言葉は苦手なようです。体を動かすことでしょうか？　歌や踊りでしょうか？　絵を描いたり何かを造ったりでしょうか？　引っ込むか・爆発するかの二者択一ではなく、どちらもマイルドな表現に近づくよう、子どもの得意な表現を一緒に体験してみることが必要なのではないでしょうか？　いろいろなその子の姿があっていいのだということを基本におきながら、でも外と内とでとても違った表現をしているのは本人も結構きついんだということを分かっておきましょう。外では少しずつ自分が出せるよう言葉を添えて支えてあげ、家では爆発するのではなくもっと楽しい表現を身に付けるように（爆発した時は抱きしめて止めてください）、一緒に楽しんであげる……というかかわりを試みて遊んでいただきたいと思います。

また、逆に家では良い子で園で爆発する場合には、家庭と連携をとって、家でのその子のストレスに気づいて頂くよう働きかけることが必要でしょう。

14. 自傷行為

二歳の子ですが、友だちのおもちゃを横取りして保育者に注意を受けると、「自分が見つけた！」と言いながら、部屋や園の門から抜け出そうとしたり、壁や柱に頭をぶつけて激しく泣きます。このような場合にどのように対処したらいいのでしょうか？

二歳の子が、友だちのおもちゃを横取りすること自体はよくあることですし、発達からいっても問題なことではありません。しかし、この子の注意されたあとの反応の突飛さや激しさが保育者をとまどわせるのでしょう。このような子どもの相談が最近増えています。

まずこの子の普段の様子をしっかりととらえたいと思います。この子は何が好きで、何が得意で、どんな遊びだと持続できるのか？つまり、この子のこころの窓はどこに開いているのかが分からなければ、こちらからいくら関わっても子どものこころに入っていけないのです。まず子どものこころの窓をいち早く見つけることが保育者の役割です。

この子は先生の叱責を、通常以上に「拒否」や「否定」と感じて、容易にパニックに陥ってしまっています。そのような子に「ちゃんと部屋にいなさい」とか「そんなことしないの」とか言えば、さらにエスカレートすることは目に見えています。子どもの行動自体を止め、しかも拒否を伝えない関わりは、抱きしめて止めることです。この子は、抜け出したいわけでも頭を打ちつけたいわけでもありません。この子自身も、その行為自体で傷ついてゆくのです。大声を出さなくても、禁止の言葉を使わなくても、抱きしめればその子にしてほしくない行為は止めることができます。

次に、このような子どもの背景として何が考えられるでしょう？ゆっくりと一対一で関わってもらい、守られていると感じて育っているのかを確認しましょう。今の家庭は忙しすぎて、子どもの相手をしているのは一方通行のテレビやビデオ…というのがほとんどです。人との気持ちの行き違いがあった時にどうしたらいいかを人間関係の中で学んでいない上に、テレビやビデオからの強い刺激を頻繁に受けることによって、興奮しやすくなっていることも考えられます。

小学校一年生が授業中に手遊びや落書きをしていて、担任がそばまで来て注意したのに、チラリと視線を投げただけで、全く無視して遊び続けたという話を聴いて、その子は家庭でもしっかり一対一で関わって注意をされるということをしていないのではないかと思いました。親はテレビを見ている子どもに通りすがりに注意し、子どもはテレビから目を離さないまま「ウン」とか「ウルサイ」とか返事をし、親もそのままにしてしまう……そんな日常が目に浮かびます。このような子どもには面と向かって目を見て叱られることは大きな恐怖となってしまうのかもしれません。

このような子どもの場合、テレビやビデオを見ないようにすると、短期間のうちに（一週間程度）良い変化が観察されます。家庭でも同様の反応をしていて保護者が困っている場合は、協力が得られやすいですから、ノーテレビウィークを提案するのも一つです。

また、親自身が自責的・自罰的で真面目すぎる場合も息が抜けず、自分で自分を追いつめてしまうような結果になり、それが子どもにも伝わって自傷的になることもあるようです。

15. 落ち着きがない

通くんは自閉症と診断された男の子でした。はじめのころはただ不安げに歩き回り、あちこちの扉を開けたり、カーテンの後ろをのぞいてまわり、時折恐怖に満ちた奇声をあげるだけでしたが、最近は、情緒的に安定し、新聞に強い興味を示し、気に入った一角をていねいに切り取ってはそれをジーッと見つめ、嬉しそうにそれを持って歩いたり、担当者に抱かれたりして、落ち着いた時を過ごすようになっていました。

ある日、通くんはやって来た時から何か落ち着かず、新聞を取り出しても、なかなか気に入った箇所が見つからず、やっと見つかって切り取ろうとしてもうまくいかず、「キィーッ」と声をあげて歩き回り、トランポリンで二、三度飛んでみても、やはりこころ落ち着かない様子で降りてしまいました。他の子が楽しそうに遊んでいる電車を取り上げてみても、その子に奪い返され、再び奇声をあげながら新聞に戻るのです。担当者が何とかうまく切り取ってやろうとしても気に入らず、じだんだを踏んで悲しそうに「ヒィーッ」と叫んでいました。

「今日はえらく機嫌が悪くて、落ち着きがないですね」。ある保育者はその通くんを見てこう言いました。しかしそれをこう言い変えてみてください。「辛いだろうな。何一つこころなぐさめてくれるものが見つからない。何をやっても自分のこころを安らかにしてくれない。そんな時って辛いだろうな」と。子どもの立場に立つ、子どもの気持ちになるとはそういうことではないでしょうか。

そこに一人の子どもがいて、落ち着かぬこころを抱えて苦しんでいる時にその子を「機嫌が悪くて落ち着きがない」と評しても、その子の役に立ちません。それより、その子がその子なりにこころ落ち着かせようと努め、それが実らぬ故に苦しんでいるのだということを、共に分かってくれる人がそこに存在することの方が、いくらか役に立つだろうと思います。「落ち着きがない」のではなく「落ち着けない」のです。

「何かイライラして、あれこれしてみたり、大声を出してみたりするけれど、こころがスッキリしない時って辛いですよね。私もそういうことあります。今の通くんはそんな気持ちなんでしょうね」と言った時のその保育者の目には、訳の分からぬことをやる多動な自閉症児・通くんではなく、自分と相通ずる気持ちを持った一人の人間である通くんが映っていたと感じられました。

16. 攻撃性

攻撃とは、相手を傷つけるためにだけなされるものではありません。そこには、うらやましさと悔しさと淋しさと悲しさと、相手に対してと同じくらい、いや、それ以上に自分に対しての憤りがこめられているのではないでしょうか。

達ちゃんは自閉的傾向を持った子でしたが、特につばを吐きかけたり、人を噛んだりなぐったりという行動の目立つ子でした。ある療育の待ち時間、広い待合室で子どもたちはそれぞれの担当者と椅子に座っていましたが、何故か達ちゃんだけ担当者がその場におらず、一人で動き回っていました。賢そうな顔と、時々びっくりするような奇声、不安気な視線が目をひきました。そのうち達ちゃんは中央のテーブルの上に乗ると、ドンドンと音を立てて歩き回り、「達ちゃん！そんなことしないの！」という声に、奇声をあげ、それぞれの担当者とゆったりとくつろいでいる子どもたちに、次々とつばを吐きかけはじめたのです。「達ちゃん！」と怒鳴られると次の子に……そしてテーブルの上から四方八方につばをとばしました。「達ちゃん！」「やめなさい！」という声がその度にとびました。

さて、この達ちゃんのつば吐き行動は何なのでしょう。他の子たちは幸せな一時を過ごすことが許され、自分には許されないことへの不満。担当者がいないのでとても不安だということ。苛立ちと悲しみが伝わってくる気がします。やめさせようとする人たちは達ちゃんに苛立ちを一人胸に押さえつけ、悲しみにこぶしを握りしめて、じっとおとなしく待っていろと言うのでしょうか。そうすることが健康なこころだとでも言うのでしょうか。私には、腹立ちをつばを吐くことで表現している達ちゃんの方がむしろ頼もしく関係づけの可能性を感じます。

達ちゃんは少し離れてその様子を観察していた私につばを吐きかけました。私は黙っていました。当然怒られるものと思って身を引いた達ちゃんは、黙っている私をけげんそうに見つめました。私は見つめあった目で何とか「君の怒りは分かっているよ」と伝えたいと思いました。フッとつばを吐くのをやめた達ちゃんは、テーブルの上をおそるおそる私の方に寄ってきて、私のすぐそばまで来、試すようにもう一度つばを吐きかけました。私は黙って、すぐそばまで来ていた達ちゃんのシャツに顔を近づけて、顔についたつばをぬぐいました。私の顔と達ちゃんの顔がすぐそばにありました。達ちゃんはジーッと黙って立っていたかと思うと、私の首に手をまわし、そっと抱きついてきました。「腹立ってたんだね。淋しかったんだね」と言いながら私は達ちゃんを抱いていました。

達ちゃんは私の手をとり、私の手のひらに噛みつきました。もし達ちゃんが本気で噛むならもっと痛いはずだと思える程度の噛み方でした。達ちゃんは噛みつこうとしているのではなく、噛みつくということで何かを表現し、私を試そうとしているのだろうと感じて、黙って達ちゃんのするにまかせていると、達ちゃんは何回か噛んだあと、まるでキスするように私の指を吸いはじめたのです。乳首を吸っているかのようにも見えました。私の指を吸いながらジーッと私の目を見つめ、ひざに頭を乗せてゆっくりと体をゆすっている達ちゃんの顔には、さっきまでの怒りと悲しみの表情はうかがわれませんでした。

達ちゃんの、つばを吐く、噛みつくという攻撃は、他の子は担当者と落ち着いた時を過ごしているのに、自分一人残された悔しさと淋しさと、相手をしてくれない担当者や、相手にしてもらえない自分自身への憤りと、そんなものが入りまじったものであったように思います。

そして、攻撃をするのは敏感で傷つきやすいからこそとも思われます。達ちゃんが黙って見つめる私から、敏感に多くのものを受けとってくれたことからもそれは分かります。無言のやりとりの中で達ちゃんは、私が伝えたいと願ったことにピッタリと応じてくれました。乱暴な子であるどころか、とても人には真似できないくらい繊細なこころの持ち主です。

子どもの攻撃が私たちにとって「訳が分からない」時、まず「訳の分からないことをする子」と子どものせいにせず、「私が気づかないうちにこの子を傷つけたのだろう」と思い返して「○○がいやだったんだね」と言葉にしてやることが、ずいぶん助けになることがあります。

17. きょうだい

保護者から「妹（二歳）が姉（四歳）をいじめて困っています。『ダメだよ』と何度言っても聞きません。もっと強く叱ると体罰になるのではないかと思い、どう声をかけたらいいか悩んでしまいます」という相談がありました。どうアドバイスしたらよいでしょう。

きょうだいのどちらかがどちらかをいじめる場合、一般的に考えられるのは「親を巡ってのライバル」ということです。その場合、多くは上の子どもが弟妹が生まれた時に母親の愛情がその赤ん坊に奪われた気がして、それを取り戻そうとする反応です。赤ちゃん返りをして、甘えたり、わがままを言ったり、今までできていたことができなくなったりすることもよく見られます。

そのような場合は園ではまず親御さんたち（特に母親以外の大人たち）に、「それは兄姉になるジャンプをするために沈み込んでいる時なのであって、しっかり沈み込ませることが必要であること」「『もうお姉ちゃん（お兄ちゃん）なのにおかしい』などとは絶対に言わないこと」「わがままと決めつけて拒否しないこと」を伝えておかなくてはなりません。

しかし、下の子が上の子をいじめるという場合には、きょうだい間の力関係で下の子が優位に立ちたいと思う何かが働いていると思われます。お母さんとスラスラうまくお話もできる姉がうらやましいのかもしれません。あるいはお母さんもいつも妹の方を優先するので、それが当たり前になっているのかもしれません。いずれにしても、まだ力も対等ではない（と思われる）二歳の妹が四歳の姉をいじめるということですから、親が姉の方にどのように対応しているのかが大切でしょう。いじめる内容にもよりますが、二歳後半であれば対等にけんかしてもいいと思いますし、姉が負ける一方であるなら、それを「あなたにも言いたいことあったら言っていいのよ」と力づけて、対等にすることも大切です。いじめを止めさせるのではなく、けんかにシフトアップさせるのです。

きょうだいげんかから学ぶものは多くあります。親はそれを止めさせようとするのではなく、折り合いをつけるプロセスの健全な体験としてコーディネイトしてやる役目なのではないでしょうか？

きょうだいはけんかしても、友だちのように「そのあと関わらない」というわけにはいきません。食卓も一緒、寝る部屋も一緒だったりします。そうすると、うまくいかなくなった関係をどんな風に修復してゆくのか、どんなことをして気持ちを切りかえ、どんな手段で相手に近づいてゆこうとするのかを練習する大変良い機会と相手を持っていることになります。そのプロセスをしっかり見守ってやり、けんかした後は、両方を一緒に膝に乗せて歌を歌ったり、絵本を見たり……。子どもは、けんかしないことよりも、けんかしても大丈夫なしっかりした人間関係を体験することこそ大切だと思います。

18. おねしょ・指吸い・赤ちゃん返り

ちえちゃんは、紙芝居を見ている時や昼寝の前など、自分の髪をいじりながら、親指を吸っています。先月弟が生まれたのですが、その前後から、昼寝の時、おねしょをするようになりました。お母さんも赤ちゃんとちえちゃんとの世話で大変そうです。お姉ちゃんらしくできるように、園でどう指導していったらいいのだろうと保育者は考えました。

ところが、子どもの成長は決して一直線ではなく、階段を登るように、ジャンプする時期と、一見成長がとまったような時期とがあるうえに、ジャンプする前には力をため込むように、沈み込む時期があったりするようです。

ちえちゃんは、弟が生まれて、家族の注目がそちらに移ったように感じたのかもしれません。今まであった指吸いにくわえて、おねしょをするという赤ちゃん返りの様子が見られはじめています。しかしそれは、ちえちゃんが今の状況を乗り越えるために力をため込んで、沈み込んでいるのだと考えることもできます。もともと、髪をいじりながら指吸いのあったちえちゃんで、まだ十分にお姉さんになる準備はできていなかったところへ、弟の出現ですから、ちえちゃんとしては必死に沈み込まないと乗り越えられない大きなことなのでしょう。

ちえちゃんは家族や親戚、近所の人たちから急に「お姉ちゃん」と呼ばれ、お姉ちゃんらしさを求められて、それが重すぎるのかもしれません。「赤ちゃんとは関係のない自分の担任くらいは、赤ちゃんのことではなく自分のことを第一に大事にしてほしい」のではないでしょうか。それなのに、担任までが〝お姉ちゃんらしく〟を求めたのでは、ちえちゃんは乗り越えるきっかけを失ってしまうかもしれません。担任はお母さんが大変だから何とかしてあげようではなく、今の状況をちえちゃんらしく乗り越えるために、ひとたび赤ちゃん返りをすることが必要なのだと考えていただきたいと思います。「もうお姉ちゃんなのにおかしいな」などと言わずに、赤ちゃん返りをしっかり認められれば、やがてそこから子ども自らの力で一歩を踏み出すでしょう。

19. 虐待が疑われる子

晴くんは一歳後半になるのに十キロありません。朝お母さんは起きたばかりのような目やにのついたままの顔の晴くんを連れてきます。おむつも前日園から帰る時のもののままということが多くあります。もちろんおむつの中は汚れていて、その臭いが体中にしみついたようになっているので、登園するとすぐ保育士は沐浴をさせ、園に置いてある服と着替えさせてから幼児室に連れてゆきます。登園が遅いため、すぐに十時のおやつになりますが、前夜から食べていないと思われるような食べ方をします。が、夏に一週間ほど休んだ後は、流動食のようなものしか食べなくなったこともありました。

これらのことから園では虐待（ネグレクト）を疑いました。まず園医である小児科医に相談し、保健師に訪問して母親への指導をしてもらいました。しかし母親は返事だけで、一向に晴くんの状態は改善せず、児童相談所から職員が家を訪問しても不在で、父親が自分たちで養育することを強く主張するため施設への収容もできませんでした。園内研修では、自分たちが朝沐浴をさせ、おやつも食事に準じるようなものを与え、昼食をしっかり食べさせることで晴くんの生命が保たれていることは分かるけれど、そのために晴くんが「施設収容が緊急ではない」と判断され、ほとんど世話を受けることのできない家庭に留め置かれていることが果たして晴くんにとって良いことなのかどうかと繰り返し話し合われました。

このような事例の場合、多くの専門家や専門機関との連携が必要ですが、毎日のその子に関われるのは保育者です。適切な判断と紹介ができるかどうかに子どもの生命がかかってくることさえある現代です。虐待の疑いは、それほど特殊でもなくなりました。また、母親の精神的不安定や両親の不和からの暴力や家出など、園だけでは対応に苦慮する例も増えています。園は正式に通告したりする以前に日常から安心して相談できる顔見知りの小児科医や保健師との関係を作っておくことがこれからは必須になってくると思われます。

第四章　拡がる保育者の役割

1. 創作童話に見る学生気質―どんな大人になってほしいのか?―

近頃では、保育者の役割が拡がって保育者養成課程に求められることは年々増えてきています。しかし、その前に保育者として子どもに関わる仕事に就こうとする若者たちの物事のとらえ方や考え方が、子どもたちにとっては人生のはじめの時期に出会う価値観として影響を与えると考えると、まず学生たちの人間としての器を育てることが大切であると感じます。

私は「ことば」の授業の中で「再話」や「創作童話」を課題の一つにしていますが、その中でお話を創るという作業は、その学生の人生観や価値観、体験の豊かさや性格までもが如実に表れてしまうということに直面し、考えさせられることも多くあります。

例えば再話を例にとってみましょう。「朝です。ニワトリと犬とネコが出会ってどこかに遊びに行きました」という骨組みに枝葉のイメージをふくらませてお話を創るというものです。まずこの課題においていくつかの注意点を伝えます。

① 子どもたちへのお話は、「朝がきました」というような説明文ではなく、「コッコッコ、おはよう!」というようにセリフと情景描写で子どもの中にイメージが浮かぶようなものであることが大切

② 名前や性別、関係や性格は自由に創造する

③　何をしに行くのか、何をもって行くかや目的地までの道で何に会うかは自由
④　行った先で何をして遊ぶかも自由

こう見ると、極めて単純な骨組みの中に、たくさんの創造の要素があることが分かるでしょう。しかも、かなり自由に自分で設定していいのですから、同じ骨組みでも百人が作れば百通りのお話しになって、二つとして同じ話はできてこないわけです。これが昔はどこの家庭でも日常的にあったお話のパターンです。親や祖父母はすべての話を一言一句間違わずに覚えているわけではなく、大まかな筋書きを押さえながら、登場人物を我が子の名前に変えたりしながら話したものでした。

ところがこの課題においても、「わぁ！　おもしろい！」と、遊びごころがどんどん湧いて創りはじめる学生から、「え〜？　分かんない！」と立ち往生してしまう学生まで様々です。早起きのニワトリと寝坊のネコなどのキャラクターも自由に想定しますが、なぜかネコはメス、イヌはオスで書かれることが多く、ニワトリは卵を産むメスの場合とコケコッコーと鳴くオスの場合があります。この辺で私たちの持っている偏見に気づきます。（ときどきコケコッコーと鳴いたニワトリが卵を産んだというような文が出てきてびっくりします。あるいはニワトリの持ってゆくお

弁当がゆで卵……となると、その学生の生命感覚が気になりだしてしまいます。)

そんな中に、行って帰ってくることばかりが気になって、途中で動物たちがぜんぜん遊べないお話がでてきます。例えば、

「にゃん子とイヌ吉とコケ子は山に向かって出発しました。途中でコケ子が『わたし近道知ってる!こっちよ』と言いました。にゃん子とイヌ吉もついて行きました。近道に入っていくと、」とここまで読むと、この近道で何か起こるのではないかとドキドキしてくるのですが、「『ほら! もう出た』あっという間に頂上についていました。」(笑)…なるほど、近道なのです。寄り道ではなく、早い近道をさっさと行くことは悪いことではないのだけれど、これではお話は楽しくないのです。

また、学生たちが創ったお話で、山に行ってお弁当を食べたあと、この動物たちがすることで一番多いのは「おなか一杯になったね。お昼寝しよう」なのです。そして、目が覚めると夕方になっていて、「もう帰ろう」となります。この登場する動物たちも疲れているのでしょうか、なかなかエネルギッシュに遊んでくれません。このような若者が子どもの遊びに関わってゆくことに、不安を感じます。

昔話に出てくる主人公たちは、決して優等生ではありません。寝てばかりいたり、騙したり、道草したり、弱虫だったり、助けてもらってやっと何かが達成できるような事も多いのです。その話を聴きながら子どもたちは、自分で考え、心悩ませ、決断します。何重もの意味を持っている話の中から自分なりの意味を「自分が見つけだして」きたということが重要なのです。

赤ずきんちゃんがとても良い子で、森で道草をくわなかったら、おばあさんもオオカミに食われ

ることなく、狩人に助けられるまでもなく赤ずきんとめでたく再会できたでしょうが、その話が語り継がれなかったのには、それなりの意義があるのです。

例えば、こんな話を創った学生もいます。

にゃん太とワン吉はどんどん行ってしまいました。「ずるいよ四本足なんだもの。私は二本足なのよ。もうちょっとゆっくり行ってくれたっていいじゃない。」コケ子は座り込んでしまいました。すると、「ひゅー、ひゅー。遊ばないか?」どこかから声がします。「だれ?」誰も見えません。「ひゅー、ひゅー。ぼくは風の子ヒュルリ、こっちだよ」コケ子は声のするほうに行ってみました。……

こうなると、お話は思わぬ方向へ展開し、わくわくしてきます。この後の話は寄り道や遠回りをたくさんするのですが、聴いている子どものこころがたっぷり動くお話になっていました。

また、私は創作童話の前提として学生に「あなたはどんな子どもを育てたいのか」と問います。「自分で発想し、自分の発想を実践に移し、自分でやったことに責任を持つ子ども」を育てたいのか?「人に言われたことをやり、自分で考えない子ども」を育てたいのか?と。当然学生の答えは前者なのですが、ではどんなお話を創ってくるかというと、この思いとズレが生じてくるのです。

例えば、次のようなお話が提出されました。

ある日お母さんがお出かけをしているときに、お留守番をしていた茜ちゃんはお母さんの鏡台できれいなネックレスを見つけました。とってもきれいな赤い色と青い色の玉がキラキラ光っていて茜ちゃんはどうしてもそれをつけてみたくなりました。茜ちゃんがそのネックレスに頭を通そうと引っ張っていると、ネックレスが壊れてしまいました。その時お母さんが帰ってきた音がしました。茜ちゃんはあわててネックレスをもとの引き出しに入れて、部屋を飛び出しました。（中略）翌日幼稚園に行った茜ちゃんは先生に昨日のことを話してどうしたらいいか相談しました。先生は「お母さんに正直に謝ったほうがいい」と教えてくれました。茜ちゃんは園から帰るとお母さんに「お母さんのネックレス壊してごめんなさい。」と謝りました。お母さんは「ネックレスは壊れてもしかたないのよ。でも茜ちゃんが正直に言ってくれないことが悲しかったわ。」と言い「謝ることを教えてくれた幼稚園の先生にお礼を言いましょうね」と言いました。

教育的目的としては、この茜ちゃんの行動は悪いわけではないのですが、私はこの学生のお話にはＯＫを出しませんでした。この茜ちゃんは、「先生に言われて自分の行動をきめ」、そして「今度はお母さんに言われて先生にお礼を言おうとしている」わけです。これでは、お話ではなく「お説

教」です。「自ら解決を見つけ出せる子どもを描いてほしい。言われたことをするのではなく、体験や見聞きしたことからどうしたらいいかを自分で見つけだす子どもに育ってほしいと願っているはずだ」と私はこのお話を突き返しました。数日後書き換えて出されたのは次のようなお話でした。

茜ちゃんは壊れたネックレスをもって家を飛び出しました。森まで来ると向こうからウサギの子がやって来ました。「こんにちわ。ウサギさん。わたし、お母さんのネックレスを壊してしまって困っているの。どうしたらいいか知らない?」「いいえ、私もお母さんの指輪を壊して困っているの。一緒に考えましょう」二人が歩いてゆくと、向こうからリスの子どもがやって来ました。「こんにちわ、リスさん。わたし、お母さんのネックレスを壊してしまって困っているの。どうしたらいいか知らない?」「いいえ、僕はお父さんの時計を壊して困っているんだ。一緒に考えようよ」（中略）子どもたちは物知りフクロウさんのところへやってきました。「フクロウさん、こんにちわ!」三人が言うとフクロウの家の中から大きな声がしました。「誰か来たのかね?いまワシの眼鏡がなくなって困っているんだ。あれがないと何も見えないのでネ。ちょっと探してくれないか?」三人は一緒に探しはじめました。（中略）フクロウの子どもは壊れた眼鏡をもって隠れていました。三人は困りました。じっと見ているとフクロウの子どもは眼鏡を持ってお父さんのところへ行きました。そして「お父さん、これ。僕がボールを投げていたらぶつかって壊れちゃったんです。ごめんなさい!」と言いました。三人は、ふくろうのお父さんの大きな怒鳴り声が聞こえると思って、首をひっこめました。ところが、フクロウのお父さんは子どもを抱きしめてこう言いました。「ものはいつか壊れるものじゃ。それより、隠したり嘘をついたりして壊れたこころは、なかなかもとには戻らんから気をつけるんじゃよ」

三人はお互いの顔をじっと見つめました。「ところで君たちの用事は何だったんだね?」フクロウのお父さんが聞いたとき、三人はもう走り出していました。「私たち、もう分かりました! さようなら! ありがとう」……

目的や答えを早く求めるほど、子どもは主体性を失い、自分で考えることを放棄します。子どもたちが自分で考えながらじっくり育ってゆく時間を子育てや保育の中で保障できているでしょうか?保育者は子どもをパートナーとし、助け合って共に成長していくということを忘れないでほしいのです。

しかし、幼児教育学科に入学してくる学生でさえ、子どもとの関わりの少ない学生や、うまく抱いたりあやしたりできない学生が増えています。そして、現在の日本では多くの親たちが子育てに自信がなく不安を感じています。

私は、二十一世紀の日本の子どもたち・親たちにおいては、子ども学(育児学・子育て学)というようなものが、幼児教育や保育を学ぶ一部の学生にだけでなく、小中高校・大学を通して一般的に伝達される必修科目となることが必要なのではないかと思っています。

小学生の子どもにとっては、異年齢の幼い子どもと遊ぶ体験。思いやりをもって、力が異なるものとでも遊べるように遊びを工夫して楽しむ能力の育成がその中心になるでしょう。

思春期を迎えた時、性（避妊）教育も必要なのでしょうが、授かった命の重みは、百の言葉より乳児の命と触れることによって深く実感するでしょう。中学生の保育園実習はずいぶん実施されるようになっていますが、年に一日程度の職場体験学習ではなく、もっと日常的なものであってほしいと思います。大人とは違和感を感じ、同じ年令とはストレスを感じる思春期の子どもたちは、幼い子どもと接する時、癒され、幼い時の自分に戻れるのか、普段隠れている素直さや明るさが見られると言います。おしめを替えたりミルクをやったり寝かしたりという日常の育児体験は、育児への不安や無知からも開放してくれるでしょう。かつては大家族の中で自然に見聞きし体験したこれらの事も、教育課程で学ぶ必要が生じていると言ってもいいのではないでしょうか。「中学校の空き教室での子育てサークルの実施」によって中学生たちと乳幼児との日常的な触れ合いを生み出している例もあります。

高校からは、子どもの身体や健康についての知識、こころの発達と遊びや絵本・昔話などの関係、早期教育や長時間のメディア接触の危険性など、育児をするにあたって誰でも知っておいてほしいことを学ぶ機会は、保育コースだけでなくすべての生徒に与えられてほしいものです。

大学では一般教養に保育・育児があって然るべきでしょう。高い学歴と子育ての知識のアンバランスは子どもにとっても親にとってもストレスになります。

子育てを「学ぶ」時代が来たというと、なにか淋しい気もするのですが、これだけ自然に伝承される環境を破壊してしまった以上、今のうちに伝承すべきものは確かに残して伝える義務もこの社会を作ってきた大人にはあると思うのです。

これからの子育てに幾らかでも光を見出そうとするなら、教育改革に「育児教育」を盛り込むことを提言したいと思います。

2．保育のプロに求められること

〈解決する力は子どもの中に〉

私の大学では、一年次の早い時期に基礎実習として週に一回（約二時間）実習に行き、翌週にミーティングを行ってその時の疑問や困ったことなどについてアドバイスを受けて、またその翌週は実習に行くという隔週の実習が組まれています。そのミーティングである学生が報告しました。

「今日、ブランコに乗っているAちゃんを押していたら、Bちゃんが来て『乗せて』って言ったんです。でもAちゃんは『いや』って言って譲ってやらなくて困りました。で、私が『じゃんけんしたら？』と言ってじゃんけんさせて『じゃあ、勝った子から一〇回ずつね』と言って一〇回ずつ交代で押してやったんですけど、良かったんでしょうか？」と。

一つの遊具の取り合いはよくあることです。もちろんそんな時に解決方法を教えるのも一つかもしれないと思いますが、私はそこに保育のプロとして、もっとすべきことがあるのではないかと思っています。

私が答えたのは次のようなことでした。

「保育者は何のためにいるのでしょうか？子どもにじゃんけんという『解決方法を教える』ためでしょうか？じゃんけんなどという方法はその子たちも知っているのではないでしょうか？だとしたら大事なのは子ども自身の中から解決する力を引き出すことであって、外から解決方法を指示することではないと思います。つまりこのブランコの例で言えば、『じゃんけんして勝った方から』などという解決法は別にプロでなくても言えることで、大人なら素人でも思いつくことでしょう。プロの役割は『ちゃんと子ども自身が考える機会と時間を与える』ということではないでしょうか？安易に答えを教えず『あー、困ったね。ブランコ一つしかないのに、AちゃんもBちゃんも乗りたいんだね。どうしたらいいか考えてよ……』とちゃんとそこに立ち止まって、一緒に困ってあげること。そして子ども自身からどうしたらいいかが出てくるまで待つことでしょうね。何もしていないように見えるけれど、実はそれがプロ。それでこそ、子どもの持つ力を引き出し、伸ばしてやれるわけです。答えを人から教えてもらうだけの受け身な子どもを育てるのか、自分の力で考える力のある子どもを育てるのか、そこが違うわけですよね。保育者はそのように子どもの力を引き出すためにいるわけで、今度そういう時はすぐに答えを出してしまわずに一緒に困ってください。」

その学生は、自分はちゃんと子どもに必要な関わりはできていたと思っていたので、本当にそんなことでいいのだろうかと不満げでした。

そしてその翌週実習に行き、Cちゃんと絵本を読んでいる所に、Dちゃんが「ままごとしよう」とやってきて、その学生は再び板挟み状態になりました。学生は私から言われたことを思い出し、「Cちゃんは本読んでほしいんだよね。でもDちゃんはままごとしたいんだね。私一人しかいないし、困ったな」と言ってみたそうです（これでいいはずだと思いながら）。すると、Ｄちゃんが「じゃんけんしよう」と言いだしてくれたので、学生は「なるほど！」と思ったのですが、そこでＣちゃんが「いや！」と言ったのです。ここが子どものすごいところです。学生は今度は本当に困ってしまいました。どうしても譲ってくれないＣちゃんに、Ｄちゃんは諦めてままごとコーナーに戻ってゆきました。学生は「失敗だぁ～」と思いながらＣちゃんに絵本を読んでやっていました。

　しばらくして、ままごとコーナーでごそごそしていたＤちゃんがおもちゃの電話機を見つけて学生の所に持ってきました。そして「お姉ちゃん、これ持ってて。私、あっちでお料理作ってね、できあがったらこれに電話するからね。そうしたら食べに来てね」と言って戻ったそうです。学生はびっくりしました。何という解決法でしょう！そして何という発想と思いやりでしょう！『Ｃちゃんからお姉ちゃんを奪うことはできない、でも遊びたい』という自分の思いの中から、電話機を渡すという解決方法を引き出してきたＤちゃんを見て、学生は目から鱗が落ちる思いだったと言います。そして、Ｃちゃんに絵本を読んでやっているとＤちゃんから「ＲＲＲＲ・・・ＲＲＲＲ・・・」と電話がかかって、「お料理ができたから食べに来てください」と言うのでＣちゃんに「食べに行く？」と言うと、Ｃちゃんも嬉しそうに「うん！」と一緒に食べに行ったそうです。きっとＣちゃんもＤちゃんに譲らなかったことが気持ちの中でくすぶっていたのでしょう。今度はＤちゃんの誘いに乗れるＣちゃんの成長にも教えられた気がしました。学生は翌週のミーティングで目を輝かせて報告してくれました。

　子どもの中にこれほどの解決能力があるのに、我々はなんと安易な解決方法を押しつけて解決してやった気分になって自己満足していたのだろうと深く反省した出来事でした。

〈三分しかないと思う大人・三分もあると思う子ども〉

ある学生の実習中のことでした。その日はピアニカの練習が自由時間まで延びて給食時間まであと三分という時になってやっと練習が終わりました。すると子どもたちがわーっと実習生の所に集まってきて、「先生外に遊びに行こう！」と言って来たそうです。実習生が「え？あと三分しかないよ」と言うと子どもたちは「あと三分もあるよ！行こう」と走ってゆきました。実習生がついてゆくと、子どもたちは玄関から園庭に走り出て、そのまま園庭を走り抜けて一番端にあるブランコにタッチして、また玄関まで走ってきました。そして時計を見るとまだ一分も経っていません。「先生！まだ行ける。もう一回！」と言うので、またブランコまで全力疾走。帰ってきてもまだ時間はあります。「まだ行ける！」走りながら大声で笑い合う子どもたち、そして四往復した時に三分が終わりました。子どもたちも実習生もたった三分で全身で楽しんだのでした。

いつもなら、ひょっとしたら「もう時間ないから、手を洗って教室に戻りなさい」とか「トイレすませて給食よ」とか言って埋めてしまう三分なのでしょう。しかし、その同じ三分がおもちゃや道具など何一つなくても、発想の転換とそれを楽しむ気持ちさえあればどれほど充実したものになるかをこの子どもたちは教えてくれているように思います。子どもたちにとって一瞬一瞬は生命の輝き……とつくづく思います。その輝きを大人の都合や大人の時間感覚で潰さないようこころがけたいものです。

〈親たちへの関わり〉

保育園や幼稚園の先生方との学習会（保育スーパービジョン：後述）において、子どもへの関わりを検討してゆく中で、どうしても保護者の問題が話題になることがあります。朝ご飯を食べてこない子どもや深夜のコンビニでお菓子を買ってやる親、迎えに来ても子どもに話しかけず携帯メールをしている親や暴力・ネグレクトが疑われる親など、子どもの問題を話し合ってゆくと親の問題に行き着くことも少なくありません。そして保育者たちが「園でいくら頑張ってもこの親の関わりでは……」と嘆くこともしばしばです。

しかし、ここで考えてみてほしいのです。親が適切な関わりをしていて、子どもの発達に問題がなければ、適当な環境と仲間があればプロの保育者の存在はそれほど重要ではないのかもしれない……と。保育のプロが関わる必要性は、発達が順調でなく、親の関わりが適切でない子どもほど大きいのではないかと思うのです。そこまでの発達が順調で、親の愛情を充分に受けている子どもばかりだったら、プロの保育者でなくてもやれるのではないでしょうか？この子はつまずきがあって、親の関わりが充分でなくて、親だけでは発達が促されないからこそ、プロの保育者の力が必要なのでしょう。「この子は難しい。この親は……」と言う前に、そういう子どもだからこそ、そういう親だからこそ、あなたが必要とされていると感じる保育者であってほしいのです。

また、子どもとうまく関われない親を叱責するのではなく、その親の辛さも分かってあげてこそプロではないでしょうか？例えば、こんなお母さんがいるとします。

『Aくんは保育園の年中組。よく友だちを叩いたりするし、話をじっと聞くことも苦手です。お母さんはあまり子育てに熱心ではなく、登園も遅れがち、忘れ物も多いです。お迎えの時も担任と会わずに連れて帰ってしまうことがよくあります。』このようなお母さんにはどう関わったらいいか悩みますね。ある保育者の研修会で、この事例を出して話し合いました。保育者からは、何とかＡ君の園での様子をお母さんに分かってもらい、お母さんも変わってもらいたいという意見が多く出されました。そこで私は左記のような課題を出しました。

「あなたはこのＡくんのお母さんです。今から『私はＡの母親です』という書き出しで、①Ａについて思っていること②園や担任に対して思っていること③送り迎えの時の気持ちを作文してください。」

そして、Ａくんの母親として書いた作文を声に出して読んでもらいます。「Ａはかわいいけど正直、重荷です。先生方には申し訳ないけど、あんまりいろいろ言われたくない。迎えに行くといつもＡの悪かったことを言われるので、できれば会わないで帰りたい。」「Ａが悪いことばかりするのは、言われなくても分かっています。朝連れて行く時も、今日は何かするのだろうと思うと出かけるのが遅くなってしまいます。それをまた言われるとうんざりします。」このような作文を書いたあとに再度このお母さんにどう対処したらいいかを考えてもらいますと、最初に提示された時に感じた「困った母親だ。なんて注意したらいいのだろう？」という気持ちとは全く違っている自分を発見するようです。

ある参加者は「お母さん、おかえりなさい。お仕事きつかったでしょ？と言ってあげたい」と答えてくれました。お父さんや子どもはお母さんに「おかえりなさい」と言ってもらえますが、お母さんにおかえりと言ってくれる人はいるのでしょうか？なるほど、毎日のこんなささやかな一言も、母親が仕事場の自分から母親としての自分に戻るためのワンステップとして役割を果たしてくれるのかもしれないと思いました。「Aくんの良かったことをたくさん見つけて、毎日言ってやるようにしたい」という保育者も多いようです。

子育てに自信満々な親なんているわけがありません。そんな不安な親たちにとって、一緒に子どもを見てくれる仲間が保育者なのではないでしょうか？「相手の立場に立つ」「人の痛みが分かる」ということは、保育者も口が酸っぱくなるくらい言われていることですが、そう簡単なことではないようです。相手の立場に立っているつもりでも、端から見ていると持論を押しつけていたり、相手の落ち度を叱責していたりすることも多いものです。園内研修でもこのような（作文を書くという）ロールプレイ法を用いて考えてみることも一助になればと思います。

3. つまずきは子どもが育ち直すチャンス

一歳半健診で「言葉が出ないこと」を指摘されたAくんがいました。彼はそれまで毎日何時間も幼児向けの教育ビデオを見て過ごしていたのでした。しかし、言葉が出ないことを心配する母親に対して保健所や小児科医や児童相談所からの答えはどこも「他の発達に特に遅れがないから、もう少し様子を見ましょう」というものでした。それらのどの機関でも、彼が起きている間中ほとんどビデオ漬けで過ごしている生活について問われることはなかったのです。ある時お母さんは本で読んだ「テレビ・ビデオ漬け」の子どもの状態に我が子が似ていることに気づき、それまでのビデオ教材をすべてやめ、話しかけて遊ぶようにしました。その結果、一ヶ月後には言葉が出はじめ、視線も合うようになり、一年後には「おしゃべりですね」と言われるほどになりました。子どもは体験することからしか吸収できないのです。画面を見るだけでは体験とは言えないわけで、それをＡ君は「言葉の遅れ」という姿で母親に教えてくれたと言えます。しかし、気がつくのがもう少し遅れたら……と考えると、喜んでばかりもいられません。気がつかないまま未だにテレビ・ビデオ漬けの子どもたちはたくさんいるのです。

また、Ｂくんは、食事中におもちゃが手放せず、遊びながら食べる……と母親は嘆いていました。私はお母さんに「そのおもちゃがなくても、Ｂくんにとって食卓は楽しいものですか？」と聞いてみました。母親はしばらく考えて「いいえ。家の食卓はいつもとげとげしていて、楽しくないです」と話してくれました。「せめておもちゃがないとＢはたまらないでしょうね」と話しながら母親は、おもちゃを手放さないＢくんが悪いのではないことをこころの痛みと共に感じていました。Ｂくんの行動は、Ｂくんがわがままだとか、しつけがなっていないとかということではないのです。お母さんはＢくんが「おもちゃより楽しい食卓」を求めていることに気づいて、それまでぎくしゃくしていたおばあちゃんとの関係を何とか変えてゆこうとしはじめました。

しかし、気づくということは、楽しい明るいことばかりではありません。むしろ自分のいやな面や間違いに気づかされる、できれば避けたいことの向こうにしか、こころが開かれるということは生まれないのかもしれません。Ａくんのお母さんもＢくんのお母さんも、自分がしていたことの結果で子どもがそうなっていることに気づくことは、大変辛いことであったと思われます。できればそんなことに気づかず、自分を正当化して生きていきたいと思うでしょう。しかし、あまりに戸惑いうろたえている我が子の姿を見つめ、共に歩もうとした時、親は自分がその子の周りに作ってきた環境に気づくしかないのだと思うのです。それほど我が身に事実を突きつけてくれる存在に出会えることは他人では滅多にありません。子どもの相談を受けながら、この子は実は「親のやり残した課題をやり直させるために」「この親を変えるために」これほどに苦しんで症状を出したり問題を起こしたりしているのではなかろうかと思わされることはよくあります。

保育園・幼稚園の先生は、子どもの乳幼児期という限られた年代しか関わることができません。しかし、幼児期の子どもをあずかっているということは、その時期だけをあずかっているわけではありません。子どもは、その時期の体験を自分の中のベースとして一生歩んでいくわけです。心理治療に携わっていると、やり残してしまった発達課題が、いつまでもその人の中にくすぶり続けているかのようなことによく出会います。

私は〇歳から五歳までにそれぞれの年齢の発達課題（基本的信頼感や探索行動と共感、あるいは攻撃性とファンタジーやおせっかいなこころなど、詳細については『機微を見つめる』エイデル研究所刊）があり、それにあわせて子どもの発達を保障した保育があると考えていますが、それは単にこの時期はこうなんだということではなく、その時期には日常的にその発達課題を十分に体験できる保育展開をしてはじめて発達保障であるという考え方です。

また、本書の第一章で述べたように、今の子どもたちの育ちでは、重要なステップがいくつも置き去りにされているところがあります。そういう子どもの場合、問題行動という形で、その置き去りにされた時期を自ら育ち直そうとしているかのように感じることがあります。そしてそれは早いほど取り戻すまでの時間は短くてすむということも言えるようです。子どものつまずきを荷物と思わず、親としての歩みのスタートと受け止めてくれる親の場合には、子どもの変化にも明るい展望が見えてきます。

4．「保育心理士」資格

私は大学、大学院と臨床心理の分野を学んでいました。その中でも、こころにつまずきを持つ子どもたちのプレイセラピーを研究テーマとして学び、また大学の相談室において実践する中で、来談する子どもたちよりはるかに多くの子どもたちがつまずいたりつまずきかけたりしている事実に出会い、相談室で出会えるのはそのほんの一部にすぎない上に、セラピーを終了してゆく子どもよりも多い数の子どもが順番を待っている事態に直面してきました。

また一方で、相談室で繰り広げられるその子どもたちの表現が、もし幼児期に許され、守られていたなら、この子たちはこれほどの遠回りや時間の浪費をしなくてすんだのではないかと感じることもしばしばでした。

相談や療育に関わりながら児童相談所からの派遣セラピストとして保育現場との接触を持っていた大学院時代の私は、子どもたちがつまずく前に保育現場で保育者たちが治療・援助的な関わりができるようになれば、はるかに多くの子どもたちが子ども時代を十分に生きることができるのに……と感じながら現実の保育現場はそれとはかけ離れていることも感じていました。

治療場面では特にクライエント（来談者）の攻撃性の表現が課題になることが多いように感じています。それが強く抑えつけられたものであれ、うまくコントロールされていないものであれ、治療場面において適切な人間関係の中でクライエントの攻撃性のあり方が再構成されてゆく過程によく出会います。すると、特に自己主張の盛んな三歳児の心理的発達における幼児期の攻撃性の保育場面での取り扱い方があまりに「お友だちとは仲良く」「乱暴はいけません」「おてはおひざ、お口はチャック」的である現状は、望ましいとはいえないのではないかと思っていました。大学院を出て就職する時に心理学系の学科ではなく幼児教育学科を希望したのも、そのような心理的ケアのできる保育者を育てたいという思いからでした。

それから二〇余年、社会の変化の影響を受けて子どもたちの現状がますます心理的ケアの必要な状況になってきた背景から、保育者や児童福祉施設からの要望を受け、二〇〇〇年、社団法人大谷保育協会は「保育心理士資格」を設置しました。これは、保育的関わりが難しい子どもへの心理的知識や関係作りの難しい保護者へのカウンセリング技術などをベースに、AD／HDやLD等新しい概念における様々なハンディを持つ子どもへのアプローチや現代の子どもが抱えているアレルギーやアトピーなどの新しい課題を総合的に学ぶことへのニーズが高まって誕生したものです。

保育心理士資格には一種と二種があり、一種はすでに保育現場経験が五年以上ある方が所定の養成講座を受講して取得するものです。講座は五日間の日程で主な講座は全国四カ所で行われ、開講形式は開催地域によって異なります。二〇〇四年度の開催地は北海道・東京・京都・九州です。（詳しくは（社）大谷保育協会　TEL０７５―３７１―９２０７）

保育心理士（一種）講座日程（例）

A日程

	A－1	A－2
1	保育心理概論	保育人間学1
2	発達心理学1	障害児保育1
3	発達心理学2	障害児保育2
4	セラピー概論1	臨床心理学1
5	セラピー各論1	事例研究

B日程

	B－1	B－2
1	カウンセリング概論	カウンセリング演習1
2	小児保健・看護	カウンセリング演習2
3	保育心理演習1	臨床心理学2
4	保育心理演習2	事例研究
5	セラピー各論2	

C日程

	C－1
1	総合演習
2	保育人間学2
3	まとめと認定式

京都・東京では一年間で取得できるように組まれており、北海道・九州ではA・B・Cが、隔年などで組まれるため、複数年かけて取得するか、一部を京都・東京まで出かけて単年で取得するなど、会場や日程を選択して受講できる。

A・B・C日程すべてを受講した者に保育心理士（一種）資格が認定される。

また、一科目のみの認定された講演会や研修会も各地で開かれており、科目を一つひとつ積み重ねてゆくことで、数年かけて全科目を受講してゆくことも可能です。二種は、短大において保育士の資格と共に取得するもので、認定養成校において先の科目を終了したものに、申請により与えられます。

また、すでに保育士資格を取得している人が、保育心理士関連科目のみを科目履修することによって保育心理士（二種）を取得することも可能です。

この資格以外にも、各地の保育者の研修では、カウンセリングの学習や事例研究が実施され

保育心理士（二種）カリキュラム

	回	単位
保育心理概論	15	2
保育人間学	15	2
障害児保育Ⅱ	15	2
臨床心理学Ⅱ	15	2
※（家族援助論）	15	2
保育支援演習	15	2
保育心理演習	15	2
保育実習Ⅳ	15	2
発達心理学Ⅱ	15	2

家族援助論は、現在の保育士資格には必修科目であるため、保育心理士資格科目に入れていませんが、過年度卒の保育者の科目履修で、その人の保育士資格取得時に家族援助論を履修していない場合には、これも受講してもらうことになります。

ています。また、保育スーパービジョン・保育コンサルテーションなども助言者を囲んで開かれているようです。私自身も九州内の四カ所で幼稚園・保育園の先生方と、保育スーパービジョンを開いています。参加者は二〇～五〇名で、大分・北九州・佐賀では年に五回、短大では年八回開いています。そこでは毎回二～三時間の間に五～八例の事例が報告され、参加者と私と同僚とで問題構造や保育現場の留意点・これからの保育課題を明らかにしてゆきます。また類似した事例についての他園からの実践例やアドバイスがあることもあります。自分が事例を出さなくても自分の園の類似した事例への関わりのヒントが得られることも多く、また、他園の細かな関わりの配慮や保育全体の中での保育者同士のサポートのあり様など、普段の研修では見えないことが参考になることもあります。

大きな保育研修での助言やアドバイスだけでなく、このような日常的な取り組みへのスーパービジョンがきめ細かく各地で実施されてゆくことは、これからの子どもの現状を考えると必要不可欠になってくると思われます。

第五章　生命《いのち》あゆむ

本章は「悩んでいいよ」というタイトルで『同朋』誌（東本願寺出版）に連載したものに加筆修正したものです。カウンセリングの現場で、ふと立ち止まって考えたことや気づいた言葉などについての思いをめぐらした独り言と思ってください。

1．「自分」と向き合うとき

私が小学校六年生の時でした。私は転校生で、なぜか担任の女の先生とウマが合わないように感じていました。ある日、何のきっかけだったか忘れましたが、その先生は「運命を信じますか？」と生徒に問いかけました。今考えると、その先生の意図は「運命に流されるのではなく、自分で切り開く」というようなことを教えたかったのだろうと思います。私はその時、「信じます」という方に手を挙げました。しかしそちらに手を挙げたのは私一人で、他の子はみんな「信じない」でした。その時、先生はさも馬鹿にしたように私に向かって「そう！じゃあ、あなたは努力しないというのね！」と言いました。私はその先生の言葉に「この先生はなんて馬鹿なことを言うのだろう！」と仰天しました。苦しんだり努力したりということも含めて「運命」だとその時の私は考えていたのですが、その時の私は自分一人だけが非難された恥ずかしさで、反論できませんでした。

しかし、そのことをきっかけに私はそれまで漠然と考えていた自分の「運命感」をよく見つめるようになりました。もちろん宗教のことも何も分からない子どもの考えですから深くはないのですが「人は何か定まったものの上で生きている」、「しかし人はそれに気づかずに苦しんだり、もがいたりしている」、「しかし、その苦しむこともがくことも、すでに決まっていることである」、「我々が苦しみ、もがいていることを知っていて、見ているものがある」……というようなことを考え、それを自分で「運命」と名付けていたように思います。「私が苦しみ、もがくことをすでに知っていて見守ってくれているもの」があると感じただけで、私は、その時先生につらく当たられたことも、転校で仲の良い友だちと離れたことも、みな安心して受け止められる気がしていたのでした。

今考えると「私は運命を信じます」という私の幼い答えにその担任が「じゃあ勉強もしないの？」と問いかけたことは、私自身にとっては大変意味があったことだったと思います。そのとらえ方の違いをその時の私は指摘できなかったのですが、自分の思いを改めて確認したことで、「自分を超えた大きな力に自分が支えられていること」を実感することができたわけです。今思うと、あの先生の私の意に反した反論のおかげで私は自分の幼い思いの中にあった本当の意味に出会うことができたのかもしれません。

人と出会うということは、どのようなものであっても自分を導いてくれるものだとつくづく思います。そして、自分の意に反したものと出会うことの方が、自分に同意してくれるものと出会うことよりも自分を深めることがあるとも、よく感じます。反対する人は空に上がる凧のしっぽのようなもの……と聞いたことがあります。上ろうとしている凧にはしっぽは煩わしく、これがなければもっといいのにと思えるかもしれませんが、これがなければ上昇するどころかすぐ落ちてしまうのです。何かをしようとした時、その自分の周囲に反対をする人やためらう人は必ずいます。その時に、より深め、よりよいバランスをとるためのものと考えるか、邪魔者と考えるかによってその価値は大きく違ってくるでしょう。反対するものを切り捨てて上昇を続けた後の凧は、バランスを失って落ちるしかないのではないでしょうか？それとも西洋のしっぽのない凧のようにそれでも上り続けるものもいるのでしょうか？

2. しがらみ（柵）

人と人との関係は、たくさんのしがらみの中にあります。今の時代の中ではできるだけそのしがらみを少なくし、周囲に煩わされない関係の中に自分をおこうとしているかのような人も多く見かけます。しがらみ（柵）とは『広辞苑』によると「水をせき止めるために竹を編んで作ったもの」とあります。そこにはいろいろな水草やゴミが絡まって流れをじゃましていることでしょう。しかし、それが本来何のためにおかれたものであるかを考えると、ある時は川の流れを整えるためであり、ある時は大水から人々を守るためだったに違いありません。それを、今の流れにとってはじゃまになるからといって安易に取り外してしまえば、いざという時にどんな災害が引き起こされるかわからないことは想像がつくことです。

人間関係におけるしがらみも、ひょっとしたらそんな性格を持っているのかもしれないと思いました。隣組や向こう三軒のつきあいが親密だった時代には、その町内の者なら誰でもがその子どもの顔を見れば親や祖父母のことまでも知っている人間関係があり、子どもはそれで充分に守られていました。一方そのような関係はつきあいごとが多く、心配りの面倒さなどを伴っていたことは否めません。だから面倒で煩わしかったのでしょう。

今、カウンセリングルームを訪れる人々は、一方でそのようなしがらみの多い関係に悩みながらも、もう一方ではあまりにそのような関係を切り捨ててしまった空虚さを埋める別の関係を求めて苦しんでいるように思えます。人と人とのつながりの面倒な部分をはずせば、同時に何か守ってくれていたものを失う……ということなのかもしれません。人間関係は、その良い面のうまい汁ばかりを吸うということは、どうもできないようになっているようです。だとしたら、人間関係のしがらみを脱ぎ捨ててしまうのではなく、必要以上の草やゴミは取り除き、どうやったら気持ち良く流れるのかを常に工夫することが大切なのでしょう。

私たちカウンセラーは、訪れる人たちに対して答えを持っているわけではありません。その人自身が見失っているものや見えなくなっているものを一緒に見直すことで、その人がそのことで向き合う力を得て、しっかり見ることでどうしたらいいかが見えてくるのです。私たちはせいぜい、その人の目の焦点を合わせるメガネの役くらいになれればいいなと思います。

3. 何で子どもは怒られることばかりするの？

相手との関係でもっとも責任を伴うのが、家族、特に子どもを育てる時ではないでしょうか？子育ての大変さばかりが強調されて、少子化対策が叫ばれる中、出生率はいっこうに上がりません。

私は授業などでこれから親になろうとする若者たちに「これから生まれる子どもが、自分の子ども時代より幸せだと思うか?」と問うことがあります。今の若者の親世代は、おそらく大多数の人が「これからの方が幸せ」と答えたでしょう。物資も豊かになり、平和で便利な世の中に向かうことが見えていたからです。しかし今、子育て中の親やこれから子育てをするであろう若者たちに問うと、ほとんどの人が「自分たちの幼児期の方が幸せだった」「これからは大変」と思っていることが分かります。

青少年の事件や不登校やいじめの問題などのニュースを聞き、国際化と情報化の中で学ばなければならないことの氾濫……、確かに今の子どもたちが大変ということは感じます。では、かつての子どもたちは楽だったのかというと、それもまた「そうでもなかった」と思うのです。

つまり、人々はいつの時代もたくさんの悩みを抱えて生きているのだけれど、結構したたかに生きてきているのです。つまり、事実をどう感じるかという受け取る気持ちの方が変わってしまったのではないでしょうか。

子どもの日の公園、池に石を投げ込んでいる子どもがいます。土にとがった石を突き立てて何かを書いている子ども、おいかけっこやボール投げ、木登りやじゃんけん……、遊んでいる子どもたちの姿は内からあふれるエネルギーに満ちています。

学生に「遊びの原風景」と題して幼い頃楽しかった遊びの思い出を書いてもらいました。そこには本当にたくさんの活力の原風景がうかがわれます。しかも「あとで親に叱られましたけど」というようなものもけっこう多いのです。「すべすべの床があると寝そべって、壁を足で蹴って背中やおなかで滑ってどこまで行くか！」「乗って遊ぶ車のおもちゃがなかったので、掃除機を出して乗り回していた」「植え込みの中を勝手に迷路にして遊んだ」「池に石を投げ込んで水しぶきがどこまで上がるか何度もやった」「親がいない時、妹ときれいなコーヒーカップを出して奥様ごっこをした」など、誰もが経験があるようなこと、しかも大人から見ると困ることが子どもたちのこころの奥に「楽しかったなぁ！」というエネルギーになって残っていることが分かりました。子どもを「こう育てなければならない」とか「これをしておかなければ、遅れてしまう」とかという思いの中で縛るのではなく（逆に「子どもがしたがるから」という理由で何でも自由にさせるのも考えものですが）、子どもが育つ姿を親が楽しむことが第一でしょう。「子どもって思い通りにならないからこそ、機械やペットより面白い」わけで、「悩まされるから親自身も育てられる」のです。あなたの幼児期を振り返ってみると、「このくらいのことはしても大丈夫」の範囲がずいぶん広がるのではないでしょうか？

「親はなくても子は育つ」と言われたのは昔のこと。今は「親はあっても子は育つ」……つまり「親が少々子育てに間違っても、子どもは自分の力で自分本来の生き方に近づいていく」と思ったほうがいいのかもしれません。そして子どもにとっては、身近な人（親）がそれに興味を持って面白がってみてくれる時に、自分の生き方を充分に試してみようと思えるのではないでしょうか？正しいことを効率よく行うことばかり求められて育った子どもは、こころのエネルギーにゆとりがないように思います。怒られるようなことの方が楽しかった自分の幼児期を振り返って、子どもの遊びを見つめてみましょう。大人の中にもそれを楽しいと感じるこころは残っているはずです。

4. こころのセーフティーネット

携帯電話が普及し、いつでもどこにいても誰かとつながることができるようになったことが、若い人たちから「悶々と悩む」という言葉を喪失させてしまいました。失恋した人が、悩む前に「失恋したぁー!」というメールを友だちに打つ……そんな時代です。自分を振り返るとか、一晩考えるとかという時間が省略されてしまっています。

「告白する」という言葉が「コクる」と変化したとたんに、告白するという行為の中にあった、「自分は相手にとってふさわしい人間だろうか?」「相手は自分をどう思うだろう?」という、自問自答の迷いが消えてしまったかのようです。自分を問い直して、白紙にして、さらけ出す告白という言葉とは違って、コクるという言葉には、「一方的に告げる」という意味しか感じられません。「とにかく自分の気持ちを相手に告げてみて、いい返事がくるかどうか賭けてみる」ようなものになり下がってしまった気がします。

悩むことができなくなったのはなぜなのでしょう?誰でも悩みたくはありません。「できるだけ早く気持ちを切り替えて、明るく毎日を過ごしたい」という思いは当然のものです。しかし、悩むことによって育つ「考える力」や、「思いやる力」、「振り返り、反省し、同じ失敗を繰り返さない力」などが身につかないと言ったらどうでしょうか?

ある中学生からこんな話を聞いたことがあります。その子はある時学校で友だちと小さないさかいがあって家に帰ったところ、その日はテレビが壊れていたのだそうです。いつもならすぐにテレビをつけて、ばかばかしい番組に「ははは！」と笑って気を紛らわせ、学校であった嫌なことを忘れていたのに、その日はそれができないわけです。その子は「あの時なんて言えばよかったんだろう?」、「あの子は私のことをどう思っただろう?」、「明日会ったらどう言おう?」と何時間も悩んだそうです。そして、しばらくして母親のところにやってきたその子は、こう言ったそうです。「自分は今までこんな時は、テレビを見て、笑って、忘れてしまっていたけど、それってしちゃいけないことだったんじゃないかな?今日いっぱい悩んで、それに気がついたよ」と。

今は悩む時間を埋め尽くし、悩まないですむようにするためのいろいろなものが私たちの周りにたくさんあります。それらに逃げておきさえすれば、明るく元気な自分でいられるのです。しかしそのことが、人間にとって大切な何かを奪っているように思えてなりません。しっかり悩んでおくことでこそ、こころの中に「少々の悩みには対応できるこころのセーフティーネット」が育つのだと思います。

この「こころのセーフティーネット」を充分に育てるためには、テレビやビデオやゲームといった「受け身で時間を浪費できるもの」から自分を切り離すことが必要です。また幼い時から、じっくり考える時間を待ってやる大人の関わりも重要になるでしょう。そして、悩みを共有し、一緒に考えてくれる柔らかな人間関係も……。

こういうものが日常の子どもの周りや家庭から失われてしまった時、その隙間をカウンセリングや電話相談、メール友だちで埋めようとしても埋められるものではありません。

5. 自分探しのモラトリアム

年々、大学を卒業しても定職に就かない学生が増えていることは、就職担当者の頭を悩ませています。また、高校の年間中退者数も二〇〇〇年には十万人を超え、若者たちの「自分探しモラトリアム（自分の人生についての決定をなかなかしない若者たち）」はますます広がっています。

今の日本の社会が流動的になり、子どもたちが将来の展望を持ちにくくなっていることと、子どもたち自身が自分で考える十分な時間が与えられない慌しさの中で育っていることの両方がそれに拍車をかけているようです。忙しい・慌ただしいという言葉がどちらも「こころ」を偏に持っていることからも、それは時間や仕事量というより、こころの問題であるといえるでしょう。

ミヒャエル・エンデの『モモ』という児童文学は年月を経てますます私たちの日常になっている実感があります。あの中で、［時間泥棒］に時間を売り渡した大人たちは、時間だけでなくこころやコミュニケーションまで失っていきます。それを救うのは、夢を失わない子どもたちと子どもの力を信じられる数少ない大人たちなのです。「早いが遅い、遅いは早い……」という亀のカシオペアの言葉は、人間が育ってゆく時の真実を語っているようにも思えます。

「今からでは遅すぎる！」「天才は胎教から」「幼い時ほど効果的！」など様々な扇動的な言葉で幼児は「早く、早く」とせき立てられ、学校に行けば、次々と課題を達成することが求められ、成績によって将来を云々され、悩んだり迷ったりすることは順調な路線からの逸脱を意味する現代です。そんな中で子どもたちは、まさに時間泥棒に時間を売ってしまった後の大人たちのように、時間との競争の中で育っています。それは、結局大切な物を見失い、ないがしろにされたこころの育ちを後からやり直さなければならない回り道（早いは遅い……）になってしまうことのように思うのです。

子どもたちの日常生活を振り返ってみると、「さっさと」と「今のうちに」がすべての生活の頭についていることに気づくでしょう。「さっさとご飯食べなさい」「今のうちにお風呂に入りなさい」「さっさと寝なさい」「今のうちに宿題しときなさい」……と。全部を「ゆっくり」「じっくり」と言い換えてみるだけでも、子どもの生活はずいぶん印象が変わるのではないかと思ってみたりします。

これでいいのだろうかとちょっと立ち止まること、自分って何がしたいんだろうと自分に向き合うこと……それは、思春期から青年期にかけて十分にモラトリアムの時間をもらってやってほしいことでもあります。

ある国では、高校からすぐに大学に入ることはできず、一年間職業に就いたりボランティアをしたりして自分が何に向いているのか、何がしたいのかを見つけてから必要な知識と技術を身につけるために進学するシステムになっていると聞きました。とにかく入れる高校・大学に入ってから……という日本とは大違いです。「昔はそんな甘えたことは言ってられなかった」という大人の方もおられますが、今のように職業選択が流動的ではなく、自分の将来像が（強制的であれ）見えていた時代には、迷うことも少ないだけ楽だったのかもしれません。でも、だからといってその社会の方が優れているわけではありません。

人は一つきりの命を今という時代の中に受けてしまったのです。時代を見据え、自分を見つめ……一度きりの人生を自分の足で歩む足場を創るのが、モラトリアムの時代ではないでしょうか？歩みを止めた子どもたちから、私たち自身が学ぶこともたくさんあるように思います。

6．道半ばにしてこそ死なばや

子育ての時期には夫婦は子どもを見て、子どもの成長を助けることに自分の価値をおいて生きることができます。しかし、子育てがすんだ時に、一段落して安心するはずなのに、改めて自分に向き合い、自分のパートナーに向き合い、それまであると思っていた自分やパートナーの姿が見出せない……という事態に直面した方々にお会いすることがあります。その時に立ち止まってもう一度自分探しができればそこで第二の人生のスタートが切れるのかもしれませんし、パートナーとの新しい関係も生まれるのかもしれません。しかし、うまく切り替えられる人ばかりではありません。特に、趣味も持たずに頑張ってきた人ほど、新たな自分を見つけることは難しいようですし、自分よりも会社や家族を大切にしてきた生き方から、自分自身がどう生きた人生なのかを問われる生き方になったとたんに「自分の人生はいったい何だったのか？」と足場を失うような戸惑いを感じてしまう人も多いようです。

一度きりの人生をどう生き抜くかはそれぞれです。金婚を迎えた夫婦などを拝見していると、乗り越えてきたからこその充実や、寄り添ったからこそ生まれた信頼感も感じます。若いうちに別れていたらこうはいかなかっただろうと思うこともありますが、ここまで我慢しなくてもと思うこともあります。しかしいずれにしても、「じゃあ、あちらの人生でやり直してみよう」というわけにはいかないのです。どちらかしか選べず、どちらかしか生きられない……それが我々の人生です。そうであるなら、自分が選んだその人生を「自分が選びとった人生である」と堂々と生きたいものです。「こんなはずではなかった」と嘆いても「もっとできるはずだ」とうそぶいても、いま生きていない人生の方はあなたのものではないのです。悩みながらも、つまずきながらもいまその人生を生きている事実こそが、自分の歩みに他ならないのでしょう。

しかし、だから諦めろと言うつもりはありません。最近、ある雑誌で俳優の宇野重吉が亡くなる時に「まだまだだなぁ」と言ったという話を読んで、私は大変感銘を受けました。劇団活動にこだわりを持って病をおして大劇団から離れて劇団を旗揚げし、あれだけの芸域に到達した宇野重吉が、「まだまだ……」であったらいったい誰が……と思いました。が、そのあとに、ふと「まだまだ……でなくなるのはどういう時なのか？」と考えたのでした。「何かをやり残したまま人生を終わりたくない」と思えば、人生の後半にさしかかった人間は、どうしても臆病になります。「今さら新しいことをはじめてどこまでできるんだ……」と思うし、「やりはじめて道半ばで終わるならはじめない方が潔い」とも思うかもしれません。しかし、そうやって自分の後半を自ら尻すぼみにしてしまった人生を自分の人生として受け入れられるのかと思った瞬間、私の思いは一転したのでした。「道半ばにして死ぬことこそ、最後まで人生を歩み続けたということではなかろうか？」と思ったのです。そのとたんに私は、「道半ばにして死ぬ無念さ」を思うより、「いつも道半ばでありたい」「道半ばにして死ぬことこそ、自分が歩み続けた証拠であり、誰かが受け継げる人生であったということではなかろうか？」と思い至ったのでした。逆説的に聞こえるかもしれませんが、「道半ばにしてこそ死なばや」は、最後まで常に次の一歩を歩み出そうとする自分でありたいという思いから生まれた言葉でした。

7．毎年このころの出会い

我が家には「いおり」という集会所のような小ホールがあります。三十坪（六十畳）ほどの広さの大屋根板張りの一階ホールと小さな台所のついた二間の和室の二階があります。ここでは日常的に乳幼児サークルの活動や子どもたちの和太鼓や演劇の練習に使われている他、時には若者たちやサークルの合宿、演劇や人形劇の上演などの会場にもなっていて、その場で上演後の交流会をしたり劇団の方が泊まることもできます。

さて、ここで「毎年このころ」と称する催しがはじまって七年になります。これは、京都に住む人形劇師、西川禎一さんを囲んではじまったものです。西川さんとのつきあいはもう十年をはるかに越えますが、彼は一九九五年、悪性腫瘍の再発のため手術を受けることになったのでした。そして、術後を見舞った私に彼はこう言ったのです。「山田さん、僕ね、病巣を全部とると膝が曲がらなくなるところだったんだ。そうしたら人形劇できなくなっちゃう……。それは嫌だからね、僕、全部はとらなかったんだ。だから再発率高くて、十年後の生存率三割なんだって……」私は深く考えもせず、すぐさまこう言いました。「だったらこれから毎年、家（いおり）で西川さんの人形劇の公演しましょう！　十年間、毎年同じ時期に！」

これが「毎年このころ」のはじまりでした。五年目と十年目にはパーティーも……なんて話しながら、五年後、十年後がにわかに目の前に鮮やかに見える気がしたものでした。それからチラシ作りやチケット作り、公演準備にかかり、十年分の印が押せる参加カードも作りました。チケットを買ってくれる人は、普段考えたこともない十年後の自分を想像しながら、十年後の子どもの年を数えながら「一緒に元気でいたい」という気持ちを新たにしていたものでした。次第に西川さんを励ましているのか自分が励まされているのか分からなくなっていきました。

二年目からは同じ病を得て同じ頃手術を受けた、女優の濱崎けい子とのジョイントステージとなりました。一年に一度だけの他では見られないジョイント公演です。観客の中にも、同じ病の術後の人や闘病中の人が人知れず集っていました。そして、一番元気をもらっているのは、身体は元気なのに「忙しい、疲れた……」と連呼している私たちだったかもしれません。

開始時中学生だった子どもたちは大学生になって巣立っていきました。母親に抱かれていた赤ちゃんたちは、もうしっかりと人形劇に見入るようになりました。人形劇に笑い転げていた幼児が、濱崎さんの宮沢賢治の朗読にじっと耳を傾ける高学年になっています。毎年このころやっているからこそ分かる様々な出会いに、普段見過ごしてしまっている一人ひとりの命の輝きを確認するひとときです。

五年目の折り返し点。五年を過ぎて生存している人の生存率はぐっと上がるんだという医師からの説明に、観客もともに万歳をしました。私も病を得てもあんな風に毅然としていたいなぁ……と、しかし悶々と悩みながら思います。一緒に十周年を迎えましょうと言った観客の中から、先に浄土に帰られたかたもいることは残念ですが、また来年からも仲間とともに歩めることを感謝して、「毎年このころ」は続いていきます。

おわりに

齢五〇を過ぎて振り返ってみると、その半分以上を「心理学」に関わってきたことになります。しかし私は高校時代「人間関係＝わずらわしい」と感じて嫌いだったことを覚えています。なのに今は人間関係に関わる仕事をしている。いったい何の導きによるのだろうと考えてみますと、たくさんの偶然の積み重ねが見えてきました。

私は高校二年までは理系クラスにいて、「割り切れる」ものが好きでした。心理学という全く割り切れないものとの出会いは、高二の夏休みに東京の伯父の家に一ヶ月間下宿して、予備校の夏期講習に行った時でした。心理検査の会社を経営していた伯父が、たまたまその時に外国から来た天才児の検査結果を夕食時に話してくれたのです。私は心理などという訳の分からないものが検査によって明らかになることに興味を持ちました。そして高三になるときにたまたまの転校と共に文系クラスに入り、文系の中でも理系に近いと言われる心理学を志望しました。幸いにも心理学科に入学した私はその中でもやはり結果が明白に表される実験心理学を好んでいたのですから、今から見ると心理学の中でも正反対の位置にいたのかもしれません。

そんな私を今のような臨床心理学の世界に引き込んだのは、偶然にも近所に住んでいた自閉症児Aくんとの出会いでした。Aくんは当時小学校低学年で、養護学校に通っていました。宙を見つめながらピラピラと手を動かし、ぐるぐると歩き回る姿に、大学一年の私はあわてて自閉症についての本を読み、まだ心理学のこともよく知らないし、ましてや自閉症への関わりも分からないまま、興味のままにＡくんと遊んで観察したいと思いました。

Ａくんは私の父が作っている菊が好きなのか、よく庭に遊びに来ていました。庭にＡくんの姿を見ると私も出ていって声をかけるのですが、Ａくんはスッと視線をそらし、手をピラピラさせながら、スーッとすり抜けてゆきます。私は自閉症児との関係作りの難しさを感じながらもＡくんが遊びに来るたびに話しかけていました。ところが、私をスーッと避けるＡくんが、私の父には近づいてゆくことにまもなく気がつきました。

父は理系の研究者で、Ａくんには関心はありませんから、父が大切に育てている菊の鉢植えをＡくんが触りそうになると、「触ったらＭ（精神科の大きな病院がある町の名で、Ａくんはそこに入院していたことがある）にやるぞ」とかなり差別的な言葉で脅すような人でした。にもかかわらず、Ａくんは「触ったらＭ。触ったらＭ。」と言いながら嬉しそうに父のあとをついていくのです。これはショックでした。「私はこんなにＡくんを傷つけないように気遣って優しくしているのに避けられて、あんなに無神経な言葉を言う父をＡくんはなぜ慕うのだろう？」と訳が分からなくなりながらも、自分の中にある嘘っぽさや下ごころに気づかされ、それを見抜くＡくんの感性の鋭さに引きつけられるように感じました。

Ａくんとのこのような関わりを細かく記録してまとめ、当時自閉症の研究者として有名だったＩ氏に送り、東京まで突然に会いに行ったのは大学一年の終わりでした

その後も恩師、先輩、友人、クライエントとたくさんの人との出会いに育てられ、支えられて今

日まで来ました。

しかし今、私が短大で担任する児童福祉・心理コースの学生には、よくこう言います。「心理なんてやくざな仕事は、とりつかれないで済むならとりつかれない方がいいかもしれない」「別れるために会うなんて矛盾した心理治療面接ほど、人間的でないものはないかもしれない」「掘り起こさない方が、気づかない方が幸せなことってたくさんある」と。

しかし、そう言いながらも、心理の世界を共に歩もうとする若者たちに同行できることを嬉しくも感じてしまう自分がいます。そして、一度こころの中の世界を垣間見てしまうと、見なかった時には戻れないことも真実かもしれません。だとしたら、私たちは迷いながらもヨタヨタと歩いてゆくしかないのだろうと思います。

カウンセラーが治すなんてことはできないと、つくづく感じることが増えてきました。できるのはその人が治るのを邪魔しているものを除けるために少し力を貸すことくらい。それもその人が除けたいと思わなければできないのです。つまりはその人が治ってゆくのを、一番見えやすいところで見せてもらうことができるのがカウンセラーなのかもしれないと思います。だとしたら、「ありがとう」はカウンセラーからクライエントに言う言葉かもしれない……などと、思いを転がしている今日この頃です。

本当に、たくさんの出会いに「ありがとう」

謝辞

今回ここに『子ども・こころ・育ち～機微を生きる～』を出版するにあたり、前著『機微を見つめる～心の保育入門～』を大切に読み広げてくださった保育者の方々、小児科医の先生方に深く感謝致します。

また、本書は一部を転載させていただいたその初出本の出版社および関係者の方々のお許しのおかげでまとめることができました。東本願寺出版部・青少年部、宣教社、ＮＰＯ子どもとメディアの皆様に深くお礼申し上げます。

さらに、第二章のアンケートやノーテレビチャレンジに協力してくださった幼稚園・保育園、小児科医の方々に感謝します。今なお子どもたちのためにメディア漬けとの闘いを続けており、ノーテレビの取り組みは多くの園・学校・自治体へと発展して、全国的なうねりを生みだそうとしています。その活動の中で、子どものメディア漬けへの警告をいち早く発せられた日本小児科医会「子どもとメディア対策委員会」の先生方とのつながりが得られたことは大きな一歩となりました。そして、東京慈恵会医科大学名誉教授・前川喜平先生、みやぎ県南中核病院小児科科長・田澤雄作先生からは、本書への貴重な推薦の言葉をいただきました。

前著の出版以来、第二作を根気強く催促してくださったエイデル研究所の新開編集長。彼がいなければ、まだまだ本書にはたどり着かなかったでしょう。こだわりをもった私の校正を文句も言わずに生かしてくださったことに感謝いたします。

また、再三にわたる書き直しを手際よく整理してくれた末吉絵美さんは、今やかけがえのない助手となってくれました。

たくさんの方々の力に支えられて本書が生まれたことをありがたく思い、これをまた新たなスタートとして「道半ば……」を目指したいと願っております。

『機微を見つめる』は父の初彼岸の日付を後記と致しました。本書が母の喜寿という喜びを後記とできますことを嬉しく思います。

母の喜寿に、感謝をこめて。

山田　真理子

●著者紹介

山田　真理子（やまだ まりこ）

九州大谷短期大学　　幼児教育学科教授
ＮＰＯ法人　チャイルドライン「もしもしキモチ」代表理事
ＮＰＯ法人　子どもとメディア代表理事
E-mail:m-yamada@kyushuotani.ac.jp

群馬県生まれ
広島大学　教育学部　心理学科卒
京都大学大学院　教育学研究科　修士・博士課程修了
専門分野　臨床心理学・幼児教育学
著書に『機微を見つめる～心の保育入門～』『子どもたちの輝く時を求めて～ある表現教育実践～』（エイデル研究所）『いま“創造保育”を（共著）』（海鳥社）『いっしょに大きくなぁ～れ（共著）』（東本願寺出版部）『子どもの心と絵本』（九州大谷短大）、絵本に『ぼくのいもうとひろこちゃん』などがある。夫（精神科医）・長男・長女・次男の５人家族だが、大学生の上二人は遠方に出ている。短大で教壇に立つ傍ら、保育心理士資格の立ち上げと認定に関わり、現場の保育者の指導やＮＰＯ活動の代表理事として講演・研修に全国を飛び回っている。乳幼児のメディア漬けの危機についての共同研究においては２００３年度「内藤寿七郎賞」を受賞。

子ども・こころ・育ち　～機微を生きる～

2004年 8 月31日　初刷発行
2011年11月 2 日　3刷発行

著　　者　山田真理子
発 行 者　大塚　智孝
印刷・製本　中央精版印刷株式会社
発 行 所　エイデル研究所
〒102−0073 東京都千代田区九段北４−１−９
TEL 03（3234）4641
FAX 03（3234）4644

Printed in Japan　ISBN4-87168-380-X C3037

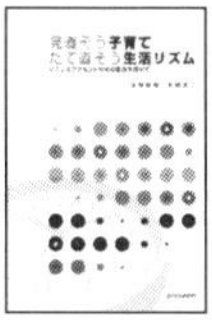

見直そう子育て　たて直そう生活リズム
リズムとアクセントのある生活を求めて

佐野勝徳・新開英二　定価1800円（本体1714円）

我慢できずにキレる子どもが増えているなか、子育ての何を見直さなくてはいけないのか。「当たり前の生活」そして「当たり前の子育て」を取りもどしませんか。

“今”からはじめる「育て直し」
問われる乳幼児体験

角田　春高　定価1800円（本体1714円）

年齢相応に育つ子どもが少数派になりつつあります。人としての基礎をつくる乳幼児体験が問われ、保育者による子どもの「育て直し」が求められています。

佐々木正美の子育てトーク
佐々木正美　定価1500円（本体1429円）

連日のように報道される青少年の事件。成長の過程で、彼らに何が不足していたのでしょうか。見えるようでなかなか見えない幼い子どもたちの心模様、心豊かな子に育つための生活のヒントを説く保育者必携の書。

幼児保育
子どもが主体的に育つために

吉本　和子　定価1800円（本体1714円）

乳児期を大切に育てられた子どもは幼児期にどう育っていくのか。保育者の悩みである「遊びの空間づくり」「子どものさまざまな遊び」の詳細を分解し、保育者の援助をわかりやすくまとめました。

乳児保育
一人ひとりが大切に育てられるために

吉本　和子　定価1800円（本体1714円）

子どもが生活習慣を身につけ、主体的に育つためには乳児期からの積み重ねが大切です。子どもの発達に合わせた配慮と援助を写真とともにわかりやすく紹介する保育実践書。初めての実践計画づくりの柱に。

保育かわらなきゃ
かわらなきゃ編・子ども理解編

赤西　雅之　定価1800円（本体1714円）

時代とともに、ますます便利になっていく保育環境。しかし肝心の子どもにとってはどうだろうか。変わらなくてはならない〈保育〉、理解しなくてはならない〈子ども〉について一歩一歩解説してくれます。

子育て小事典
幼児教育・保育のキーワード

岸井勇雄　定価1800円（本体1714円）

さまざまな育児情報が溢れ、それに振り回されやすい今日、必ず押さえておいてほしい、気をつけてほしい用語ばかりを集め、わかりやすく解説しました。保育者・教師、父母のための一冊。

うたと積木とおはなしと
渡邉　葉子　定価1800円（本体1714円）

乳幼児期に出会わせてあげたいおもちゃ・絵本・遊びをたくさんの写真とともに紹介。子ども一人ひとりの遊びを助け、子どもの発達に結びつけてくれます。保育の中で遊びと育ちをつなぐための保育実践書。

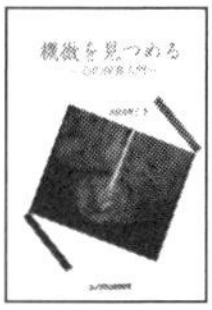

機微を見つめる
心の保育入門

山田　真理子　定価1650円（本体1571円）

現代は、「心の保育」がほんとうに大切。興味をもって、つぎつぎ読みすすんでいるうちに、読者の心も豊かになって、私も「心の保育」をこんなふうにやってみようという気持ちを起こさせてくれる…（河合隼雄氏推薦文より）

子育てのゆくえ
松居　和　定価1529円（本体1456円）

育児不安・幼児虐待が増加し、先進国といわれる国々が、同じ問題を抱えています。その一つであるアメリカの例を紹介し、日本の家族、地域、社会のあるべき姿を提案。これからの日本の学校と家族が共存する可能性を追求する書。

家庭崩壊　学級崩壊　学校崩壊
松居　和　定価1500円（本体1429円）

親たちは「子育て」を基盤に人間らしさを身につけてきました。その機会を奪うと、社会からモラルや秩序、忍耐力が消えていきます。親の役割を教育機関や福祉がしようとする時、家庭崩壊が始まります。

21世紀の子育て
松居　和　定価1800円（本体1714円）

子育てに幸せを感じるためには、どういう生き方をすればいいのか。混沌とした社会の中で、今、見直さなければならないことは何か、幸せの源は何かを熱く語る。20年先を見通した、こんな子育てしてみませんか。

生きる力を育むわらべうた

『げ・ん・き』編集部 編　定価1500円（本体1429円）

わらべうたの紹介と実践者による解説。言葉や仕草を使った愛情表現であり、青少年期により大きな人として育つための、人生の入り口であるわらべうた。家庭や園・学校、そして地域で保育に携わる方必読の本。

遠野のわらべ唄の語り伝え

人を育てる唄

阿部　ヤヱ　定価2200円（本体2095円）

遠野に生まれ、遠野で育った筆者が、代々語り継がれてきた語り伝えを忠実に文字化しました。わらべ唄は子どもたちに「大きくなれよ」「賢くなれよ」と願いながら語った人育ての唄です。

CD 人を育てる唄

唄：阿部ヤヱ　定価2200円（本体2095円）

『人を育てる唄』にあるすべてのわらべ唄を阿部ヤヱさんが唄う。本を読んだあとに、じっくりと聞いてほしい。そして間違えを恐れず、子どもたちに直接唄いかけてほしい。

遠野のわらべ唄の語り伝え 2

呼びかけの唄

阿部　ヤヱ　定価2200円（本体2095円）

〈呼びかけの唄〉は春夏秋冬を通して、その季節の自然に対して呼びかけてうたわれています。やさしくて思いやりのある子に育ってほしいと願い、うたった唄です。

遠野のわらべ唄の語り伝え 3

知恵を育てる唄

阿部　ヤヱ　定価2200円（本体2095円）

人が生きるための知恵を育てる唄。人が生きていくとき、大事にしなくてはならないのが「恥を知る」こと。この恥とは何かを、子どもたちが言葉をつかって遊び、体験して分かっていくのが〈はやし唄〉です。

中川志郎の子育て論

―動物にみる子育てのヒント―

中川　志郎　定価1223円（本体1165円）

知的早期教育の前にすべきことは、母と子の絆を強くし、信頼関係を醸成すること。そこから学習（躾）があり、教育があります。

子育てに絵本を

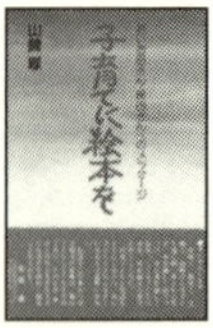

山崎　翠　定価1050円（本体1000円）

いま、失われかけている「ことばの心」を伝えます。子どもたちに絵本を読み聞かせる時間がありますか。

続・子育てに絵本を

山崎　翠　定価1325円（本体1262円）

正編に続く実践書。『いのち・ことば・へいわ』を育むことを、豊富な体験から愛情をこめて語っています。絵本は大人にも必要なのです。

おかあさんデザートに本読んで

三たび子育てに絵本を

山崎　翠　定価1377円（本体1311円）

子どもが親や大人に本を読んでもらうことは、食後のデザートのように楽しくうれしいひととき。読み聞かせることが、子どもの何を育てているのかがわかります。

絵本と保育

読み聞かせの実践から

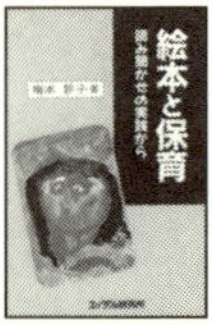

梅本　妙子　定価1377円（本体1311円）

教えない評価しない保育、それが「読み聞かせ」です。絵本嫌いな子どもはいません。読み聞かせの時の子どもたちをみればよくわかります。読み聞かせの積み重ねで、子どもは自由な発想を育てる力を養うのです。

朗読をあなたに

冨田　信子　定価1377円（本体1311円）

幼かった頃、家庭や学校で声を出して本を読んだことがあったでしょう。声に出すことで、間違いか否かを確認したり、記憶を定着させる効果があります。幼ければ幼いほど、声を出して読んであげたり、語ってあげることが大切です。

語りを現代に

ことばで　はぐくむ子どもの世界

矢口　裕康　定価2500円（本体2381円）

親から子へ、子から孫へと語り継がれてきた口承文芸が、子育てに果たしてきた役割は大きい。それが途切れてきた現代にこそ語ることが求められています。

一年生になるまでに
遊びにっこり ことばはっきり えほんたっぷり

井上　修子　定価1377円(本体1311円)

1年生になるまでに必要な「レディネス」とは何か。人の話を聞く、人と話すことが出来る、考えを人に伝えることができる自己表現力。長年、小学校1年生を担任してきた著者が、そのノウ・ハウを伝えます。

子どもたちの輝く時を求めて
ある表現教育実践

太宰　久夫　山田真理子　編
定価1850円(本体1762円)

子どもたちがより自分らしさを表現できるために、大人は何をすればよいのか。本書は子どもたちがプロの演出家・脚本家・作曲家・舞踊家とともに1年3ケ月をかけて創ったミュージカルの実践報告書。

子育てルネッサンス
今を問い　子どもを考える

長谷　光城　定価1631円(本体1553円)

不登校、いじめ等の問題の芽は、幼児期の育ちにみられます。子どもの本質に根ざしたものに再生させる実践報告書。掲載の生き生きとした子どもたちの姿と絵に圧倒されます。

情報化時代の子育て

西村　辨作　定価1575円(本体1500円)

人類が脈々と引き継いできた子育ての方法やプロセスの中に現代文明の力が入ってきています。テレビやファミコンは幼い子どもの発達にどう影響を及ぼすのか、なぜ読み聞かせがいいのかなどがよく理解できます。

こころの育児書
思春期に花開く子育て

原田　正文　定価1835円(本体1748円)

子育ての結果は思春期に現れる側面があります。意欲ある、心豊かな人間に育てるためには、乳幼児からの積み重ね、適時性など法則があります。今、必要なのは「体の育児書」よりも、「心の育児書」です。

育つ歓び　いのちの輝き
心をつなぎ　心をいやす絵本

菅原　久子　定価1650円(本体1571円)

子育てが大変と悲鳴をあげる若いお母さん。子育てによって苦痛どころかあり余る幸せが感じられること、読み聞かせが、いかに母と子の心を一つに結び、人間らしい育ちの土台になることかを説く書。

アレルギー、小児成人病にならないための子育ての知恵

真弓　定夫　定価1325円(本体1262円)

「氣・血・動」という三つの観点からの子育て論。〔氣〕とは、病気・元気の「気」、〔血〕とは食べ物、〔動〕とは遊びです。子育てとは、決して難しいものではなく、日常体験を通しての生活の知恵から学ぶものなのです。

障害児保育の考え方と実践法
障害児を受け入れる保育環境とは

辻井　正　定価1529円(本体1456円)

障害のある子どもを理解し、保育現場で困らないために「保育環境ノウハウ」「発達上のつまずきを見つけ援助する方法」等、何をなすべきかを豊富なイラストと写真を付けて解説。すぐに実践できる書。

これからの保育
幸せに生きる力の根を育てる

岸井　勇雄　定価1650円(本体1571円)

学校で伸びる子を育てるには、乳幼児期に太くしっかりとした根＝人としての基礎を作っておかなければなりません。親子で絵本を楽しみ、信頼の絆を強くしていくことから、幸せに生きる力が出来ていくのです。

子どものよさを活かす

河合隼雄 子安美知子
松居直 遠藤豊吉　定価1050円(本体1000円)

子どものエネルギー、輝き、感動体験を育むには、大人は何をしなければならないか。筆者それぞれが語る言葉は、読む人の心に静かながら強く、そしていつまでも響いて残ります。

大人への児童文化の招待・上

河合隼雄 工藤左千夫　定価1529円(本体1456円)

親はつきることなく愛情を注ごうとします。しかし本来、親子関係の貸し借りはゼロのはず。ほんのちょっと親が接し方を変えてみたら……。

大人への児童文化の招待・下

神沢利子 佐野洋子 たかしよいち
松居友 加藤多一 柴村紀代
定価1529円(本体1456円)

北の風土とファンタジー・生と死をきちんと伝えたい＝神沢利子／たかが文学されど子ども＝佐野洋子／マンモスの悲劇・最後に信じるのは人間の善意＝たかしよいち